UTE WÄTJEN

Die besten
HAUS
MITTEL

KÜCHE &
ERNÄHRUNG

**GANZ EINFACH,
WEIL ES WIRKT!**

Die besten
HAUS MITTEL

KÜCHE & ERNÄHRUNG

Über **170 Tipps & Tricks** für gesundes
Essen, gelingende Rezepte und einen
vereinfachten Küchenalltag

UTE WÄTJEN

8

AB SEITE

24/

AUFBEWAHREN & HALTBAR MACHEN

RESTE VERWERTEN

AB SEITE

42/

AB SEITE

52/

BESSER KOCHEN & BACKEN

ZUTATEN ERSETZEN & IMPROVISIEREN

TRADITIONELLES SELBER MACHEN

AB SEITE 92/

AB SEITE

106/

BESSER ESSEN & VERDAUEN

AB SEITE
124/
SAUBER MACHEN
& SAUBER HALTEN

Wer kennt sie nicht, Kindheitserinnerungen wie diese: Oma steht am Herd und rührt in einem Topf, es duftet herrlich und der Magen grummelt schon voller Vorfreude auf das Essen, das gleich gemeinsam genossen wird. Doch viele der Hausmittel, die Oma oder Muttern aus dem Effeff beherrschten und mit deren Hilfe sie es nicht zuletzt hinbekamen, dass *alles, was sie zubereiteten, zuverlässig lecker schmeckte,* sind heute vergessen. Dabei können sie - und die vielen „modernen" Hausmittel, die vielleicht erst in jüngster Zeit entdeckt wurden, aber darum nicht weniger effektiv sind - uns auch heute noch helfen, beispielsweise

• unsere *Ressourcen voll und ganz auszunutzen,* indem sie schrumpelig gewordenes Gemüse wieder knackig und verzehrbereit machen;

• Zeit zu sparen, weil manche Prozesse wie das Einweichen von trockenen Bohnen durch bestimmte Zugaben viel schneller gehen;

• Geld zu sparen, weil sich viele *Fertigprodukte ganz einfach selbst herstellen* lassen, aus günstigen und natürlichen, alltäglichen Zutaten.

IN DIESEM SINNE: AUF DAS HAUSMITTEL, FERTIG, LOS — GANZ EINFACH, WEIL ES WIRKT!

BESSER ERNÄHREN:
Wann hat was Saison?

Die nährstoffreichsten Lebensmittel sind immer die, die wir am frischesten verzehren. Wer also saisonal und regional isst und zusätzlich auf Abwechslung und Vielfalt im Speiseplan achtet, stellt sicher, dass der Körper optimal versorgt wird.

In den hier angegebenen Monaten bekommt man das jeweilige Obst oder Gemüse *aus Deutschland frisch vom Feld;* für Lagerfähiges geht die Saison natürlich länger.

Sorte	Jan.	Feb.	März	April	Mai	Juni	Juli	Aug.	Sept.	Okt.	Nov.	Dez.
Apfel								✓	✓	✓	✓	
Aprikose							✓	✓				
Aubergine							✓	✓	✓	✓		
Batavia-Salat						✓	✓	✓	✓	✓		
Birne								✓	✓	✓		
Blaubeeren (Heidelbeeren)						✓	✓	✓	✓			
Blumenkohl						✓	✓	✓	✓	✓		
Bohnen, dicke						✓	✓	✓				
Bohnen, grüne							✓	✓	✓	✓		
Brokkoli						✓	✓	✓	✓	✓		
Brombeeren							✓	✓	✓			
Champignons	✓	✓	✓	✓	✓	✓	✓	✓	✓	✓	✓	✓
Chicorée	✓	✓	✓	✓					✓	✓	✓	✓
Eichblattsalat					✓	✓	✓	✓	✓			

Sorte	Jan.	Feb.	März	April	Mai	Juni	Juli	Aug.	Sept.	Okt.	Nov.	Dez.
Eisbergsalat							■	■	■	■		
Endiviensalat					■	■	■	■	■	■		
Erbsen						■	■	■				
Erdbeeren						■	■					
Feldsalat	■	■	■									
Fenchel						■	■	■	■	■		
Grünkohl	■	■									■	■
Gurke, Salatgurke						■	■	■	■			
Himbeeren						■	■	■				
Holunderbeeren									■			
Johannisbeeren						■	■					
Kartoffeln						■	■	■	■			
Kirschen						■	■					
Kohlrabi					■	■	■	■	■			
Kopfsalat					■	■	■	■	■			
Kürbis								■	■	■		
Lauch (Porree)	■	■	■	■								
Lauchzwiebeln					■	■	■	■	■			
Lollo Rosso					■	■	■	■	■			
Mais								■	■			
Mangold					■	■	■	■	■			
Mirabelle								■	■			
Möhre (Karotte)						■	■	■	■	■		
Paprika								■	■			
Pastinake	■	■								■	■	■
Pflaume							■	■				

Sorte	Jan.	Feb.	März	April	Mai	Juni	Juli	Aug.	Sept.	Okt.	Nov.	Dez.
Portulak	■	■	■	■	■			■	■	■	■	■
Quitte									■	■	■	
Radicchio								■	■	■		
Radieschen					■	■	■	■	■			
Rhabarber				■	■	■						
Rosenkohl	■	■	■							■	■	■
Rote Bete							■	■	■	■		
Rotkohl						■	■	■	■			
Rucola					■	■	■	■	■			
Schwarzwurzel	■	■								■	■	■
Spargel				■	■	■						
Spinat			■	■					■	■		
Spitzkohl					■	■	■	■				
Stachelbeeren						■	■					
Staudensellerie							■	■	■	■		
Steckrübe									■	■	■	
Tomate							■	■	■			
Topinambur	■	■	■						■	■	■	
Wassermelone							■	■	■			
Weintrauben								■	■	■		
Weißkohl						■	■	■	■		■	■
Wirsing	■	■			■	■				■	■	■
Zucchini						■	■	■	■			
Zuckerschote						■	■					
Zwetschge							■	■	■			
Zwiebel							■	■	■	■		

NACHHALTIGER LEBEN:
Was kann eingefroren werden?

Überreste oder überschüssige Lebensmittel einzufrieren ist die wohl einfachste Methode, um die Haltbarkeit zu verlängern. Folgende Grundregeln sollten dabei beachtet werden:

- *Nicht einfrieren:* Banane (kann zwar eingefroren werden, ist danach aber nur noch zum Pürieren geeignet), Käse, Milch, Sahne, Salatgurke, Wassermelone, Weintraube
- *Roh/nicht vorbehandelt einfrieren:* Backwaren, Butter, Fleisch (möglichst viel Fett entfernen), Nüsse, Pilze, Rohteig, Zucchini
- *Glaciert einfrieren:* Fisch - kurz vorfrosten, dann in Wasser tauchen und erneut offen in die Truhe legen; wenn die Wasserschicht gefroren ist, in einen Behälter geben
- *In Stücke geschnitten einfrieren:* Apfel, Birne Rhabarber
- *In Stücke geschnitten und kurz blanchiert einfrieren:* Brokkoli, Karotten, Kohlrabi, Blumenkohl.
- *Zerkleinert und in Wasser eingelegt einfrieren:* Kräuter
- *Separiert vorgefrostet einfrieren:* Beeren, Sahnetortenstücke
- *Nur im verarbeiteten Zustand einfrieren:* Radieschen, Tomate, Zwiebel.

TIPP Das Auftauen erfolgt grundsätzlich am schonendsten im Kühlschrank. Für Fleisch ist dieses Vorgehen Pflicht. Beeren sollte man in einem Sieb auftauen lassen, damit sie abtropfen können. Tiefgefrorenes Gemüse und Obst, aber auch etwa Soßen, die gekocht werden sollen, müssen hingegen gar nicht aufgetaut werden, bevor sie weiterverarbeitet werden. Gleiches gilt für die meisten Backwaren, die im Ofen aufgebacken werden.

BESSER KOCHEN:
Welche Gewürze wann zugeben?

Damit Gewürze *ihr volles Aroma entfalten* können, ist es wichtig, ihre Präferenzen für Temperatur zu kennen. Nicht alle kann man einfach so mitkochen!

Gewürz	Nicht mitkochen	Nur kurz mitkochen	Mitkochen
Anis, gemahlen	X		
Anissamen			X
Bärlauch			X
Basilikum		X	
Beifuß			X
Bohnenkraut			X
Cayennepfeffer		X	
Chiliflocken			X
Curry			X
Dill	X		
Estragon			X
Fenchel, gemahlen	X		
Fenchelsamen			X
Ingwer, gemahlen/gerieben	X		
Kardamom, gemahlen	X		
Kardamomkapseln			X
Kerbel	X		
Koriander, gemahlen	X		
Koriandersamen			X
Kreuzkümmel (Cumin)	X		
Kurkuma			X

Gewürz	Nicht mitkochen	Nur kurz mitkochen	Mitkochen
Kümmel			X
Lorbeerblatt			X
Majoran		X	
Muskatblüte (Macis)	X		
Muskatnuss	X		
Nelken			X
Oregano			X
Paprika		X	
Petersilie			X
Pfeffer	X		
Piment, gemahlen	X		
Pimentkörner			X
Rosmarin		X	
Safran		X	
Salbei		X	
Schnittlauch	X		
Senf, gemahlen	X		
Senfkörner			X
Thymian			X
Zimt			X
Zitronengras			X
Zitronengras, gemahlen	X		
Zwiebel			X

TIPP Paprikapulver kann zwar gut mitgekocht werden, sollte dabei aber nicht zu stark erhitzt werden: Es kann sonst quasi verbrennen und die Speise bitter machen.

AUFBEWAHREN & HALTBAR MACHEN

Für Gartenbesitzer und Balkongärtner fallen zur Erntezeit häufig große Mengen an Obst und Gemüse an, die kaum auf einmal verzehrt werden können. Und auch wer keinen Garten hat, kennt das Problem: Beim Einkaufen hat man sich verschätzt oder die Pläne haben sich spontan geändert, und jetzt ist der Kühlschrank viel zu voll. Richtig lagern, um die Genüsse möglichst lange verzehren zu können, und die Haltbarkeit verlängern lautet in diesen Fällen die Devise. Wie gut, dass uns dabei ein paar einfache Hausmittel helfen können!

KAPITEL

1/

FRISCHFLEISCH UND KÄSE *länger haltbar machen*

Frischfleisch länger haltbar machen mit Öl

Fleisch ist ein schnell verderbliches Lebensmittel und sollte stets gut gekühlt werden. Im Kühlschrank fühlt es sich an der kältesten Stelle am wohlsten, also auf der Glasplatte oberhalb des Gemüsefachs. Soll das Fleisch einmal länger aufbewahrt werden, *streichen Sie es mit etwas neutralem Speiseöl, z.B. Sonnenblumenöl, ein und wickeln Sie es in Backpapier ein.* So hält sich das Fleisch gekühlt bis zu 10 Tage.

Käsestück länger frisch halten mit Salz

Käse kann zwar meist recht lange gelagert werden, solange er kein Kondenswasser abbekommt, aber er neigt dazu, auszutrocknen. Schlagen Sie Käse am Stück darum *in ein sauberes, mit Salzwasser befeuchtetes Geschirrtuch* ein. So bleibt er länger frisch und schmackhaft. *Das Tuch alle zwei bis drei Tage erneuern.*

TIPP Der Lieblingsplatz von Käse im Kühlschrank ist übrigens das Gemüsefach, denn hier bleibt die Temperatur konstant.

Braun gewordene Apfelstücke sind zumindest optisch kein Genuss mehr – noch unreifes Obst ist es auf ganzer Linie nicht. Wie gut, dass man bei den sogenannten klimakterischen Sorten wie Äpfeln, Aprikosen, Heidelbeeren, Mangos, Nektarinen oder auch Passionsfrüchten recht einfach nachhelfen kann beim Reifen!

Apfelspalten aufbewahren in Honig

Geschnittener Apfel wird schnell braun, weil das Fruchtfleisch ohne die schützende Schale mit dem Sauerstoff aus der Luft reagiert. Um diese chemische Reaktion zu verhindern, kann man die Stücke mit Zitronensaft beträufeln. Wenn gerade keine Zitrone zur Hand ist, tut es aber auch etwas Honig: Einfach *ca. 2 TL Honig in einer Tasse Wasser auflösen* und die Apfelspalten mit dem Wasser benetzen (oder sie komplett hineinlegen).

Mangos schneller reifen lassen mit Mehl

Den „Trick" mit dem Apfel kennt wahrscheinlich jeder: Ein reifer Apfel, neben eine unreife, noch grüne Banane (oder ein anderes unreifes Obst, das nachreifen kann) gelegt, sorgt dafür, dass die Frucht schneller genießbar wird. Zu verdanken ist das dem Pflanzenhormon Ethylen, das manche Pflanzen herstellen und das unter anderem den Alterungsprozess von Pflanzen beeinflusst. Reife Äpfel verströmen besonders viel Ethylen und können damit andere klimakterische Früchte in ihrer direkten Umgebung schneller reifen lassen. Unreife Mangos kann man alternativ *in eine Plastiktüte mit Mehl legen*, denn auch das beschleunigt den Reifeprozess.

TIPP Die Mehlmethode funktioniert auch mit Avocados.

Tomaten nachreifen lassen mit Zeitungspapier

Auch Tomaten gehören zu den Sorten, die nach der Ernte nachreifen können. Bevor sie also am Strauch aufplatzen, pflücken Sie noch grüne Früchte, wickeln Sie sie in Zeitungspapier ein und legen Sie sie *an einen ca. 20 °C warmen, trockenen Ort*. Täglich den Reifegrad kontrollieren und rot gewordene Früchte immer gleich herausnehmen, damit diese nicht überreif werden!

TOMATEN *trocknen mit Salz*

Wenn die Tomaten aus dem eigenen Garten oder aus dem Balkon-
kübel endlich reif sind, dann sind es nicht selten viel zu viele, um
sie sofort zu verzehren. Neben der klassischen Tomatensoße, für die
wohl jeder sein eigenes Lieblingsrezept hat, kann man die roten
Sommerboten auch ganz einfach in getrocknete Tomaten verwan-
deln und so lange aufbewahren.

Zutaten

- **Tomaten**
- **etwas Salz**
- **Kräuter nach Wahl, getrocknet, z.B. Oregano, Basilikum, Thymian**
- **Olivenöl**

1. Die Tomaten je nach Größe vierteln oder halbieren.
2. Die Kerne entfernen, die Innenseiten mit Salz bestreuen und die
   Tomaten *mit der Innenseite nach oben auf einem Backblech
   verteilen.*
3. Bei 60-75 °C (Umluft) 8-12 Std. trocknen lassen, dabei die Backofen-
   tür einen Spalt geöffnet lassen.
4. *Bevor sie hart sind*, die Tomaten aus dem Ofen nehmen und in
   saubere Schraubgläser geben. Kräuter hinzugeben und die Gläser
   mit Olivenöl auffüllen.

TIPP Die entfernten Tomatenkerne nicht wegwerfen, sondern z.B. in
ein Glas geben und einfrieren: Sie machen sich wunderbar in der nächsten
selbstgemachten (Braten- oder Tomaten-)Soße!

Salat und Gemüse, das man gerne mit ihm zusammen isst, sind kalorienarm, nährstoffreich – und nach der Ernte unter Umständen nicht besonders lange frisch. Die wertvollen Inhaltsstoffe für den Körper sind aber auch in nicht mehr ganz so knackig aussehenden Exemplaren noch vorhanden. Also besser nicht wegwerfen, sondern zuerst gründlich waschen und bei Bedarf ganz einfach wieder frisch machen!

Salat wieder knackig machen mit Zucker

Um welke Salatblätter wieder frisch aussehen zu lassen, können Sie *1 EL Zucker in eine Schüssel mit kaltem Wasser geben* und die Blätter für mind. 30 Min. darin einlegen. Bei Feldsalat können Sie auf den Zucker verzichten und sollten statt des kalten Wassers lieber lauwarmes verwenden. Die Blätter jeweils abschließend mit kaltem Wasser abspülen.

TIPP Eventuelle Schadstoffe, die sich auf den Salatblättern angesammelt haben könnten, können Sie entfernen, indem Sie den Salat für ca. 15 Min. in Essigwasser baden. Dafür Wasser und Tafelessig (keine Essigessenz verwenden!) mindestens *im Verhältnis 4:1* mischen. Spülen Sie die Salatblätter nach dem Essigbad mit kaltem Wasser ab.

Wurzelgemüse wieder knackig machen mit Wasser

Rote Bete, Radieschen oder Karotten, die schon etwas betagt sind, werden wieder knackig, wenn man sie in ein kaltes Wasserbad gibt und für *mind. 3 Std. in den Kühlschrank* stellt. In Härtefällen kann die „Einweichzeit" auf einen ganzen Tag ausgedehnt werden.

TIPP Manche schwören für längere Haltbarkeit auch darauf, Karotten & Co. von vornherein in Wasser zu lagern: Aufrecht in ein Glas stellen und etwas Wasser einfüllen, sodass die Spitzen im Wasser stehen. Das Glas im Kühlschrank aufbewahren.

SALAT UND WURZELGEMÜSE
wieder knackig machen

KNOBLAUCH UND KNOBLAUCHRESTE
haltbar machen

Große, frische Knoblauchknollen verbraucht man meistens nicht auf einmal, und unter Umständen verschimmeln gegen Ende einige der Zehen, selbst bei idealer Lagerung: dunkel, nicht zu warm, luftig, am besten in einer Papiertüte. Man kann die Zehen vorbeugend trocknen, indem man sie für ca. 2 Monate an einem trockenen Ort aufhängt. Zum Glück gibt es daneben auch noch ein paar Hausmittel, mit denen sich die Lebensdauer vieler überschüssiger Zehen oder auch nur ein paar kleiner Reste verlängern lässt.

Knoblauch haltbar machen mit Öl

Schneiden Sie überschüssige Knoblauchzehen in gleichmäßig kleine Würfel und geben Sie sie in ein Schraubglas. *Bedecken Sie die Würfel vollständig mit Pflanzenöl*, z.B. Raps-, Oliven- oder Sonnenblumenöl. Beim Kochen entspricht 1 TL Knoblauchwürfel einer Zehe. *Im Laufe der Zeit ggf. immer wieder Öl nachgießen* und das Glas im Kühlschrank aufbewahren. Darauf achten, dass *keine Würfel aus dem Öl herausragen* oder an der Glaswand oberhalb des Ölspiegels hängen bleiben: Diese schimmeln schnell. Mit Zwiebeln funktioniert diese Methode natürlich ebenfalls!

TIPP Schöne Nebeneffekte: Sie müssen nur einmal den Knoblauchgeruch von Ihren Händen entfernen (s. S. 128) und stellen auf diese Weise auch gleich Ihr eigenes Knoblauchöl her.

Knoblauchreste haltbar machen mit Salz

Selbstgemachtes Knoblauchsalz ist *ideal, um kleinere Reste zu verwerten* und aufzubewahren: Den Knoblauchrest sehr fein hacken und in einer kleinen Schüssel z.B. *mit einem Messer plattdrücken, sodass der Saft austritt*. Dann etwas Meersalz in die Schüssel geben und mit den Knoblauchstückchen vermischen: Die Salzkörner nehmen den Knoblauchsaft auf und erhalten dadurch ihr Aroma. Die Mischung in einem Schraubglas aufbewahren – das umgebende Salz sorgt dafür, dass die Knoblauchstückchen trocken bleiben und nicht schimmeln.

TIPP Generell sollten Eier, ob schlicht im Kühlschrank oder wie hier beschrieben konserviert, stets mit der Spitze nach unten gelagert werden!

TOP 3

EIER HALTBAR MACHEN

1. SPEISEÖL, für mind. 6 Mon. Haltbarkeit.

Eier, deren (unversehrte) Schale mit etwas Speiseöl eingerieben wurde, halten im Kühlschrank mind. 6 Monate lang.

2. WASSERGLAS, für bis zu 6 Mon. Haltbarkeit.

Wasserglas, eine chemische Lösung auf Basis von Natrium-, Kalium- oder Lithiumsilicaten, bekommt man z.B im Baumarkt. Welche Sorte Sie für die Konservierung von ganz frisch gelegten, grob abgebürsteten Eiern verwenden, spielt keine Rolle. Wichtig ist aber, dass die Wasserglaslösung nur in Steingut gelagert wird. 4,5 l Wasser abkochen und 500 ml Wasserglas einrühren. Dann die gereinigten Eier einschichten.

3. LÖSCHKALK, für bis zu 8 Mon. Haltbarkeit.

Wer selbst Hühner hält, hat im Frühjahr und Sommer häufig überschüssige Eier. Diese ganz frisch gelegten Eier in einen Eimer Wasser schichten, in dem Löschkalk aufgelöst wurde - 2 EL pro 1 l Wasser. Die Eier müssen vollständig mit der Flüssigkeit bedeckt sein. Den Eimer abdecken und an einen trockenen Ort stellen - eine Kühlung ist nicht nötig.

SOLEIER
zubereiten mit Salz

Zutaten für 12 Soleier

- **12 Eier**
- **60 g Salz**
- **1 TL Zucker**
- **Gewürze nach Wahl, z.B. Schale einer braunen Zwiebel, 1 TL Kümmel, 1 TL schwarze Pfefferkörner, 3 Pimentkörner, 1 Lorbeerblatt**

1. Kochen Sie die Eier hart und schrecken Sie sie ab.
2. Waschen Sie die Zwiebelschale und geben Sie sie zusammen mit den Gewürzen in 1 l Wasser. Unter Rühren aufkochen, bis sich das Salz vollständig aufgelöst hat.
3. Die *Sole (Salzlake) etwas abkühlen lassen*, in der Zwischenzeit die Eier rundherum auf der Arbeitsplatte anschlagen, um *die Schale anzubrechen*.
4. Die Eier in ein Schraubglas geben und mit der noch sehr warmen Sole vollständig bedecken.
5. *Mind. 1 Tag fest verschlossen im Kühlschrank* ziehen lassen.
6. Die Soleier halten sich in ihrem Glas bis zu 2 Wochen, allerdings wird das Salzaroma mit fortschreitender Zeit intensiver.

TIPP Bei den weiteren Gewürzen für die Sole gerne nach persönlichem Geschmack variieren: Von Chili über Kräuter wie Thymian oder Oregano bis hin zu Senfkörnern ist alles möglich. Das Wasser kann ebenfalls (ganz oder teilweise) ersetzt werden, z.B. durch Rote-Bete-Saft für eine Rotfärbung der Eier oder durch Essig für einen säuerlicheren Geschmack.

Eingetrockneten Zucker rieselfähig machen in der Mikrowelle

Wenn Zucker in der Papierverpackung Feuchtigkeit abbekommt, bilden sich harte, unförmige Zuckerklumpen. Mit etwas Pech wird gar aus dem ganzen Paket ein großer Block. Erhitzen Sie in diesen Fällen das ganze Paket *bei ca. 600 W für 1–2 Min. in der Mikrowelle* und lassen Sie es ebenso lange stehen: Schon ist der Zucker wieder rieselfähig.

Frischhefe länger haltbar machen mit Mehl

Häufig wird für ein Rezept nur ein halber Würfel Frischhefe benötigt, und die andere Hälfte vegetiert im Kühlschrank vor sich hin. Da die Haltbarkeit von Frischhefe generell nur kurz ist, verschimmelt dieser Rest dann nicht selten. *Beugen Sie dem vor, indem Sie den Heferest ganz klein zerbröseln und mit ca. 1 EL feinem Mehl vermischen.* Ziel ist, der Hefe die Feuchtigkeit zu entziehen und sie „trockenzulegen". Wenn alle Brösel rundum mit Mehl bedeckt sind, geben Sie sie in ein Schraubglas und bewahren Sie dieses verschlossen im Kühlschrank auf. So lässt sich die Haltbarkeit der Hefe zumindest *um ein paar Tage verlängern.*

Minze haltbar machen mit Wasser

Minze im Garten ist eine tolle Sache – in kürzester Zeit hat sich die Pflanze ausgebreitet und man kann etwa ab Mai ernten, ernten, ernten! Um möglichst viel von diesem Segen zu bewahren und wenig an Aroma einzubüßen, empfiehlt sich die Herstellung eines Minz-Konzentrats. Dafür einen *möglichst großen Topf bis kurz unterhalb des Randes mit zuvor gründlich gewaschenen Minzblättern füllen* und nur so viel Wasser hinzugeben, dass nichts anbrennt. *Zum Köcheln bringen und die Blätter z.B. mit einem Kartoffelstampfer zerdrücken.* Das fertige Konzentrat durch ein möglichst feines Sieb oder eine Stoffwindel abseihen und noch heiß in saubere Glasflaschen abseihen.

TIPP Die Herstellung von Minz-Konzentrat nimmt einige Zeit in Anspruch, aber es lohnt sich: Etwas davon in kaltes (Mineral-)Wasser geben, nach Geschmack süßen, und Sie haben jederzeit blitzschnell ein erfrischendes Getränk zur Hand!

RUMTOPF *ansetzen mit Zucker*

Der Rumtopf ist ein Klassiker aus Omas Küchengeheimwissen: Anstatt das viele Koch- und Saftobst, das über den Sommer im Garten anfällt, immer nur zu Marmelade oder Kompott zu verarbeiten, konserviert man es in Rum und hat so über die kalten Wintermonate stets eine tolle „beschwipste" Beilage zu Desserts!

Zutaten pro Schicht

- **500 g Obst der Saison (s. S. 17), gewaschen und ggf. weiter vorbereitet. Geeignet sind z.B. Aprikosen (entsteint, gehäutet, halbiert), Birnen (geschält, kleingeschnitten), Brombeeren, Erdbeeren, Heidelbeeren, Himbeeren, Kirschen (mit Stein), Mirabellen (entsteint, halbiert), Pfirsiche (entsteint, gehäutet, halbiert), Pflaumen (entsteint, halbiert), Weintrauben.**
- **250 g Zucker (500 g für die erste Schicht)**
- **Rum mit 54 Vol.-%**

1. Ein Steingutgefäß oder ein großes Einmachglas sorgfältig säubern und den Rumtopf ansetzen: *500 g Erdbeeren mit 500 g Zucker vermischen, 30 Min. ziehen lassen* und dann in das Gefäß geben. Mit Rum bedecken, sodass dieser großzügig über dem Obst steht.
2. Kühl aufbewahren, z.B. im Keller oder in der Vorratskammer (nicht im Kühlschrank!), und *täglich umrühren, damit auch oben schwimmende Früchte nie trocken werden.* Bei Bedarf Rum nachgießen.
3. Den Rumtopf mit weiteren Schichten von jeweils aktuell reifem Obst, vermischt mit 250 g Zucker, ergänzen. *Immer mit so viel Rum auffüllen, dass alles wieder großzügig bedeckt ist.*
4. Etwa *ab Ende November* sind auch die zuletzt hinzugefügten Früchte ausreichend durchgezogen und der Rumtopf kann „geerntet" werden: Das eingelegte Obst macht sich hervorragend zu Eis, Pudding oder anderen Süßspeisen.

TIPP Auch in halbtrockenem Sekt schmecken die „beschwipsten" Früchte sehr gut!

RESTE VERWERTEN

Dass man Lebensmittel möglichst vollständig verwertet, war früher eine Selbstverständlichkeit. Heutzutage erscheint das nicht mehr nötig, die Regale in den Super-märkten sind schließlich übervoll. Dabei kann man mit ein wenig Kreativität, den passenden Hausmittel-Zutaten und „ungenießbar" gewordenen Überbleibseln, Speise-resten und vermeintlichen „Küchenabfällen" ganz einfach nicht nur den Geldbeutel und unsere Ressourcen schonen, sondern sich häufig auch zugleich gesünder ernähren - und immer einfach lecker essen!

KAPITEL

2/

HARTEN BROTLAIB WIEDER GENIESSBAR MACHEN UND BROT-RESTE *verwerten*

Brot sollte nicht ganz frisch verzehrt werden, gerade bei empfindlichem Magen verträgt man es ab dem zweiten Tag sehr viel besser. Bei Raumtemperatur in einem Steingut-Topf gelagert, hält sich das Lebensmittel am besten. Wer zu viel Brot gekauft hat, kann es einfach einfrieren und zum Auftauen in den Toaster geben. Und falls es doch einmal hart geworden ist, helfen diese Tricks.

Harten Brotlaib wieder genießbar machen mit Wasser

Ein steinhart gewordener Brotlaib ist noch lange kein Fall für den Abfalleimer: *Benetzen Sie ihn rundum mit etwas Wasser, wickeln Sie ihn in Alufolie ein und legen Sie ihn auf ein Backblech*. Im vorgeheizten Backofen bei 160 °C (Umluft) ca. 5 Min. erwärmen: Schon ist das Brot wieder weich genug, dass man es schneiden und verzehren kann.

TIPP Einzelne Brotscheiben, die hart geworden sind, bekommt man auf gleiche Weise im Toaster wieder fit: Die Oberfläche befeuchten und auftoasten!

Brotreste verwerten mit Öl

Brotreste, die noch weich sind, können Sie als Chips-Ersatz verwerten. *Vermischen Sie dafür etwas Speiseöl, z.B. Sesam- oder Rapsöl, mit Pfeffer, Salz,* Chili und anderen Gewürzen nach Geschmack und lassen Sie es mind. 1 Std. stehen. In der Zwischenzeit die Brotreste in mundgerechte Würfel schneiden. *Nach der Ziehzeit das Öl über die Brotwürfel träufeln*, diese auf einem Backblech mit Backpapier ausbreiten und bei 200 °C (Umluft) in 5-15 Min. goldbraun rösten.

Kuchenreste verwerten mit Butter und Puderzucker

Wenn eine größere Menge Rührkuchen übrig geblieben ist, zaubern Sie doch einfach Cake Pops daraus: Butter, ein cremiges Milchprodukt wie Frischkäse, Mascarpone oder Schmand sowie Puderzucker *im Verhältnis 1:2:3 vermengen und die Kuchenreste untermischen*, bis ein zäher Teig entstanden ist. Die Masse im Kühlschrank fest werden lassen, dann zu Kugeln formen und die Kugeln auf Holzstiele stecken. Nach Geschmack noch in zerlassener Kuvertüre drehen oder mit Zuckerguss überziehen und erneut fest werden lassen.

Sekt wieder genießbar machen mit Rosinen

Von der letzten Party ist noch Sekt übrig? Auch nach einigen Tagen kann man schal gewordene Reste noch wieder auffrischen: Einfach *ein paar Rosinen in die Flasche oder das Glas werfen* – der Zucker in den Rosinen erzeugt neue Kohlensäure und der Sekt schmeckt wieder wie frisch geöffnet.

TIPP Getränkereste jeder Art lassen sich auch super einfrieren, am besten in einer Eiswürfelform: So haben Sie jederzeit Eiswürfel zur Hand, die Ihre Getränke nicht nur kühlen, sondern auch noch aromatisieren. Eingefrorene Weinreste können in der nächsten Soße verarbeitet werden.

KUCHENRESTE VERWERTEN UND SEKT *wieder genießbar machen*

EIWEISS *als Baiser verwerten mit Zucker*

Zutaten

- **übriges Eiweiß**
- **1 Prise Salz**
- **feiner Zucker, ca. 40 g pro Eiweiß**
- **Lebensmittelfarbe oder Aroma nach Wahl**

1. Das Eiweiß in einen Rührbecher geben und Salz hinzugeben. *Achten Sie darauf, dass Ihre Utensilien absolut fettfrei sind.*
2. Das Eiweiß kurz auf niedriger Stufe aufschlagen, dann auf höchste Stufe schalten, langsam die Hälfte des Zuckers einrühren und die Masse solange schlagen, bis sie fest wird.
3. Weiterschlagen und auch noch den restlichen Zucker und ggf. das Aroma einarbeiten.
4. Wer die Masse einfärben möchte, nimmt etwa 2 EL ab und vermischt diese mit so viel Farbe, dass die Färbung intensiver ist als der am Ende gewünschte Farbton. Diesen Teil dann wieder zum Rest der Masse geben und gründlich unterrühren.
5. Den fertigen Eischnee in einen Spritzbeutel füllen und in Tupfen auf ein Backblech mit Backpapier aufspritzen.
6. Bei 60 °C (Umluft) im Backofen auf mittlerer Schiene ca. 3 Std. trocknen lassen. *Den Ofen nicht mehr erhitzen, sonst können die Baisers braun werden!*

TIPP Sie können Eiweißreste einfrieren, bis Sie genug zusammen haben, um eine größere Menge herzustellen. Alternativ verwenden Sie das Eiweiß als „Klebstoff", etwa für selbstgemachte gefüllte Teigtaschen: Auf die Ränder aufgetragen, hält es die Taschen zusammen.

EIGELB *als Mayonnaise verwerten mit Öl*

Zutaten

- übriges Eigelb
- Senf
- Speiseöl, z.B. Rapsöl; pro Eigelb ca. 250 ml
- Zitronensaft
- Salz
- Pfeffer

1. Das Eigelb mit etwas Senf glattrühren.
2. Die Mischung *mit dem Quirl aufschlagen*, dabei nach und nach das Öl hinzufügen.
3. Die cremige Masse mit Zitronensaft, Salz und Pfeffer würzen.

TIPP Ein Eigelb eignet sich auch als „Glanz-Glasur" für süße oder herzhafte Backwaren, z.B. selbstgemachte Brötchen. Dafür das Eigelb im Verhältnis 1:1 mit Milch verquirlen und mit einem Pinsel auf die Oberfläche auftragen.

TIPP Aus jedem dieser „Abfälle" lassen sich leckere Pestos, Würzpasten, Smoothies, Suppen und vieles mehr herstellen. Einfach gründlich waschen und verarbeiten wie Kräuter oder Blattgemüse – und wie diese können sie auch eingefroren oder getrocknet werden!

TOP 10
GEMÜSEGRÜN FÜR PESTO & CO.

1. MÖHRENGRÜN, für die Extraportion Kalzium.
Schmeckt nach Möhren (roh) und Petersilie (im gekochten Zustand).

2. SELLERIEGRÜN, von Knollen- oder Staudensellerie.
Das Grün der Knollensellerie verleiht Speisen einen kräftig würzigen Geschmack, ähnlich wie Liebstöckel, während die Blätter der Staudensellerie etwas milder nach Sellerie schmecken.

3. KOHLRABIGRÜN, für die Extraportion Vitamin C und Magnesium.
Enthält etwa doppelt so viel Vitamine und Mineralstoffe wie die Knolle selbst und bringt den vollen Kohlrabigeschmack in die Speisen. Auch die Stiele können gegessen werden!

4. ROTE-BETE-GRÜN, für die Extraportion Kalzium und Vitamin K.
Ein Konzentrat an Vitaminen und Mineralstoffen. Kann als Ersatz für Mangold verwendet werden. Und vor allem die kleinen Blätter schmecken auch roh hervorragend.

5. FENCHELGRÜN, für die Extraportion Magnesium und Kalzium.

Schmeckt erfrischend nach Anis und würzt intensiv. Kann auch roh gegessen werden und ist besonders lecker zu Fleisch und Fisch.

6. MAIRÜBCHENGRÜN, mit viel Senföl.

Senföl wirkt antibakteriell und verleiht dem Mairübchen selbst, aber auch seinen Blättern (roh oder gekocht) eine milde Schärfe.

7. RETTICHGRÜN, mit viel Senföl.

Rettich ist intensiv scharf dank verschiedener Senföle, die ihn wohltuend für Leber, Galle und die Verdauung machen. Seine Blätter verleihen Speisen (roh oder gekocht) eine fein-scharfe Würze.

8. PASTINAKENBLÄTTER, erinnern an Petersilie.

Die Blätter sollten jung und schön grün sein. Roh oder gekocht verzehrbar.

9. RADIESCHENBLÄTTER, für die Extraportion Senföl und Grün.

Sind intensiv scharf und färben grün.

10. BROKKOLIBLÄTTER, für die Extraportion Calcium.

Schmecken mild nach Kohl und enthalten neben sehr viel Calcium auch Vitamin A und C, Eisen und Kalium. Aufgrund ihrer Konsistenz besser nicht roh verzehren, sondern zuvor kochen, braten oder pürieren.

BESSER KOCHEN & BACKEN

Zuhause schmeckt's am besten! Und da uns bestimmte Gerüche und Geschmacksnoten so schnell in wohlige Kindheitserinnerungen zurück katapultieren und unsere Seele wärmen können, streben wir danach, unsere Leibspeisen genauso schmecken zu lassen wie damals. Dabei sollen die Gerichte natürlich auch ein Augenschmaus werden, und der Aufwand möge sich bitte dennoch in Grenzen halten. Glücklicherweise ist die Trickkiste mit traditionellen Hilfsmittelchen und Zutaten für all diese Zwecke weit geöffnet. Bedienen Sie sich!

KAPITEL

3/

TOP 6

FLÜSSIGKEITEN BINDEN

1. SPEISESTÄRKE,
für Suppen, Eintöpfe und Soßen.

Speisestärke kann man aus Mais, Kartoffeln oder Weizen kaufen (oder man macht sie selbst, s. S. 80). Nach Packungsangabe in kaltem Wasser anrühren, in die heiße Suppe geben und alles aufkochen lassen.

2. GELATINE, v.a. für kalte Speisen.

Farblos und rot eingefärbt erhältlich, entweder in Pulverform oder als Blätter. Das geschmacksneutrale Bindemittel wird aus Tierknochen und -häuten gewonnen und nach Einweichen in Wasser schwach erhitzt, um es flüssig zu machen. Dann einen Teil der kalten Speise in die Gelatine einrühren und diese Mischung zum Rest der Speise geben. Gut unterrühren.

3. SAGO, v.a. für Süßspeisen.

Geschmacksneutrale Stärke in Granulatform, gewonnen aus der Sagopalme. Sago wird direkt in die kochende Flüssigkeit eingerührt und solange mitgekocht, bis es aufgequollen ist und dadurch bindet.

4. BUTTER, v.a. für stark reduzierte Soßen.

Butter kann als Mehlschwitze zum Andicken aller Arten von flüssigen Speisen eingesetzt werden (s. S. 81). Um Speisen zu binden, die nur noch wenig flüssig sind und das auch bleiben sollen, können Sie mit dem Schneebesen ein wenig kalte Butter einarbeiten.

5. EIGELB + WASSER, v. a. für stückige Speisen.

Die Speise vom Herd nehmen, das Eigelb mit ein wenig kaltem Wasser (oder Sahne) verrühren und einrühren, solange die Speise noch warm ist. Nicht mehr aufkochen!

6. OBST UND GEMÜSE,

für zusätzlichen Geschmack.
Einfach je nach Speise geschmacklich passendes stärkehaltiges Obst oder Gemüse pürieren und unterrühren. Geeignete Sorten sind z.B. Äpfel, (Koch-)Bananen, Bohnen, Erbsen, Kartoffeln, Kichererbsen, Mais oder Süßkartoffeln.

Wenn Gäste erwartet werden, muss in der Küche alles wie am Schnürchen laufen. Und wenn etwas schief geht, kommt schnell Panik auf. Dabei können auch kleine Pannen ganz einfach gelöst werden – Sie haben alles dafür im (Kühl-)Schrank!

Angebranntes retten mit Senf, Ketchup oder Essig

Falls die Soße, der Eintopf oder die Suppe einmal anbrennt, hören Sie sofort auf zu rühren und *füllen Sie die Flüssigkeit in einen neuen Topf um*. Darauf achten, dass keine angebrannten Reste mit in den neuen Topf gelangen. Erneut aufkochen und *zum Ausgleichen durchschlagender Rauchnoten intensiv schmeckende Würzmittel* wie Senf, Ketchup oder Balsamico-Essig hinzugeben, je nach Gericht.

TIPP Auch Tomatenmark kann in solchen Fällen den Geschmack retten.

Soße entfetten mit Eiswürfeln

Oje, das war zu viel Butter! Doch keine Panik, die Rettung finden Sie im Gefrierfach: Geben Sie ein paar *Eiswürfel in ein sauberes Geschirrtuch* und streifen Sie damit über die Oberfläche der Flüssigkeit. Das Fett, das bekanntlich oben schwimmt, wird dadurch hart und bleibt am Tuch hängen. Eventuell übrigbleibende *Fettklümpchen mit einem Löffel abschöpfen*.

ANGEBRANNTES RETTEN UND SOSSE *entfetten*

TIPP Soforthilfe: Schöpfen Sie das Salz ab - das geht natürlich nur, wenn es sich nicht schon aufgelöst hat. Alternativ, wenn der Aufwand vertretbar ist: Neu kochen ganz ohne Salz und einen Teil der versalzenen Portion untermischen. Den Rest einfrieren und später erneut einen Teil ganz ohne Salz kochen und einen Teil Versalzenes hinzugeben.

TOP 7

VERSALZENES ESSEN RETTEN

1. MILCH ODER SAHNE,
zum Abschwächen.

Wenn der Salzgehalt nur wenig zu hoch ist, können Sie cremiges Essen mit etwas Milch oder Sahne strecken. Darauf achten, dass es dadurch nicht zu flüssig wird!

2. FOND ODER WEIN, zum Abschwächen.

Für Gerichte und Soßen, zu denen Milchprodukte nicht passen. Löffelweise hinzufügen und nach jedem Löffel probieren

3. FRISCHKÄSE ODER SCHMAND,
zum Abschwächen.

Milchprodukte wie Frischkäse oder Schmand helfen, den Salzgeschmack zu neutralisieren, ohne die Konsistenz zu stark zu beeinflussen.

4. HONIG ODER ROHRZUCKER,
zum Abschwächen.

Um den Salzgeschmack auszubalancieren, kann Honig oder Zucker - in Maßen! - versalzenen flüssigen Speisen hinzugefügt werden, aber z.B. auch ganzen Fleischstücken. In letzterem Fall das Fleisch mit Honig einstreichen. Alternativ kann Dicksaft verwendet werden.

5. BACKPFLAUMEN, zum Binden von Salz.

Zwei bis drei Backpflaumen ca. 15 Min. mitkochen, um überschüssiges Salz zu binden. Vor dem Servieren herausnehmen.

6. KARTOFFEL ODER KAROTTE,
zum Binden von Salz.

Eine bis zwei Kartoffeln oder Karotten schälen, grob würfeln und einige Minuten mitkochen. Vor dem Servieren herausnehmen.

7. BROT, zum Binden von Salz.

So bekommt altes, trockenes Brot noch einen Sinn: In versalzenes Essen geben und ca. 10 Min. mitkochen. Da es vor dem Servieren entfernt werden sollte, lassen Sie es möglichst am Stück.

Pellkartoffeln schneller pellen mit Öl

Geben Sie etwas neutrales Speiseöl ins Kochwasser: Dadurch lassen sich die fertig gekochten Kartoffeln einfacher pellen. Auch das *Abschrecken in einem Wasserbad mit Eiswürfeln* hilft dabei, dass sich die Schale leichter löst.

Gemüse grün erhalten mit Natron

Das Auge isst mit! Leider aber verliert grünes Gemüse wie Brokkoli, Spinat oder grüne Bohnen beim Kochen und Garen schnell seine schöne Farbe. Damit es auch noch auf dem Teller leuchtet, *geben Sie eine Prise Natron ins Kochwasser.*

TIPP Zu viel Natron macht das Wasser seifig, seien Sie darum vorsichtig mit der Dosierung: Pro Liter Wasser sollte nicht mehr als 1 TL zugegeben werden.

PELLKARTOFFELN SCHNELLER PELLEN UND GEMÜSE *grün erhalten*

GEFLÜGELFLEISCH SAFTIG ZUBEREITEN UND HÄHNCHEN-FLÜGEL *knuspriger machen*

Geflügelfleisch saftig zubereiten mit Salz

Geflügelfleisch bleibt saftiger, wenn Sie es vor der Zubereitung mehrere Stunden in eine Salzlösung einlegen. Dafür *auf 1 l Wasser ca. 10 g Salz geben* und das Fleisch mitsamt der Salzlake in einen verschließbaren Beutel geben. Das Fleisch sollte rundum von der Flüssigkeit umgeben sein.

TIPP Eine besondere Herausforderung ist die Zubereitung eines ganzen Hähnchens im Backofen: Die Haut kann hart werden und das Fleisch trocken. Um dies zu verhindern, sollten Sie das Hühnchen nach dem Würzen großzügig mit Kräuterbutter oder Olivenöl einreiben und diese auch vorsichtig von innen auftragen, also zwischen Haut und Fleisch. Füllen Sie das Hühnchen zudem mit viel saftigem Gemüse wie Karotten und Zwiebeln, aber auch z.B. mit Zitronen: Eine solche Füllung verleiht ihm nicht nur einen tollen Geschmack, sondern sie hält es auch feucht.

Hähnchenflügel knuspriger machen mit Backpulver

Hähnchenflügel vor der Zubereitung im Ofen mit Backpulver bestreuen, *1 TL reicht für 500 g:* So werden sie beim Backen schön knusprig.

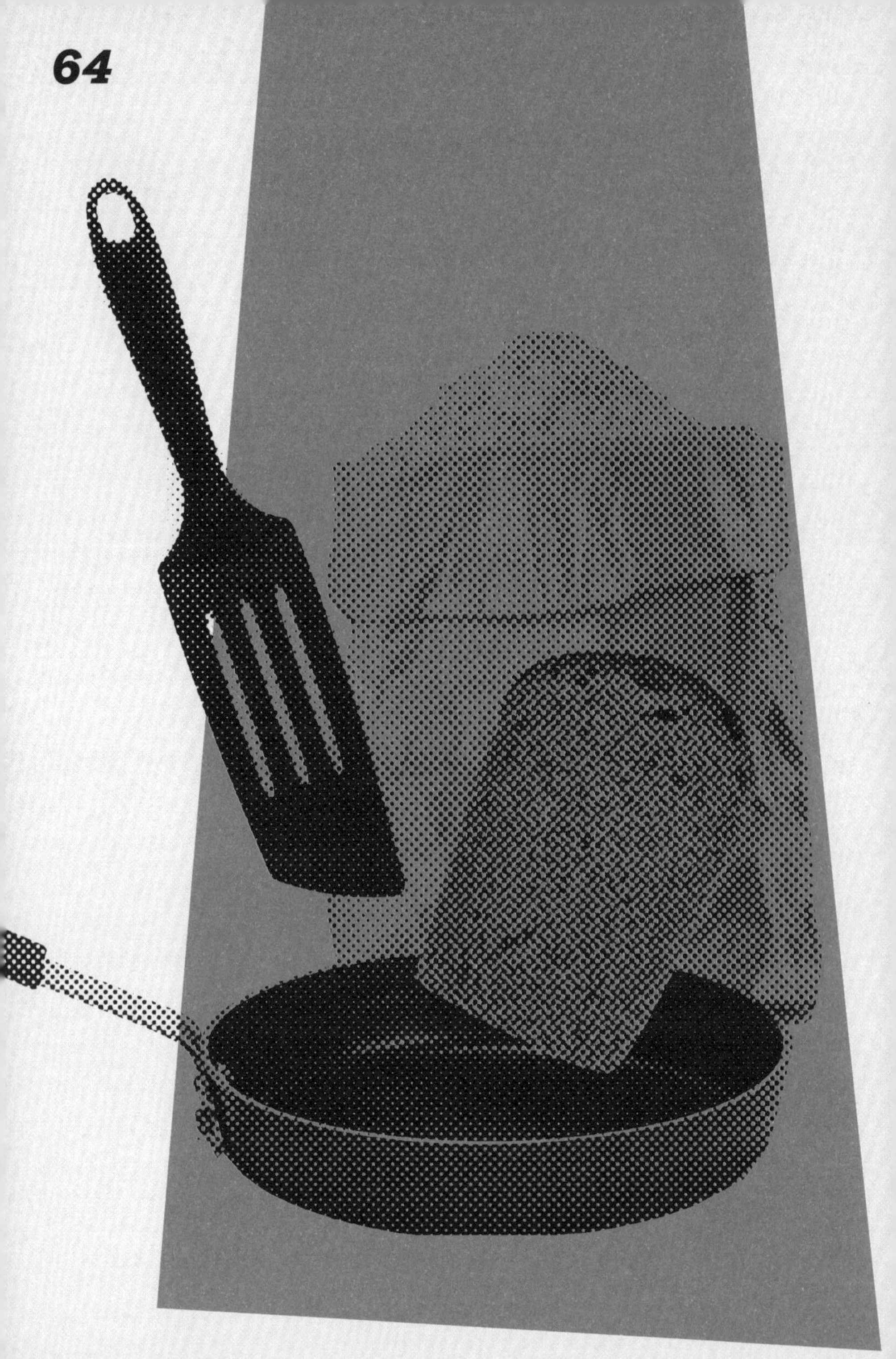

TOP 3

GEGEN FETTSPRITZER BEIM ANBRATEN

1. MEHL, über das erhitzte Fett streuen.

Bindet die aus dem Bratgut austretende Flüssigkeit.

2. BROTRINDE, in das erhitzte Fett geben.

Bindet ebenfalls die Flüssigkeit, die für die Fettspritzer verantwortlich ist.

3. SALZ, vor dem Braten hinzugeben.

Salzrückstände müssen nach dem Anbraten sorgfältig entfernt werden, damit sie das Material nicht angreifen.

Speck knuspriger anbraten mit Wasser

Wenn Sie sich beim Anbraten von Speck etwas mehr Mühe machen wollen, zahlt sich das aus: Der Herd wird von Fettspritzern verschont und der Bacon wird herrlich knusprig! Legen Sie zunächst die Speckscheiben in die Pfanne und geben Sie *so viel Wasser dazu, dass der Speck vollständig im Wasser liegt* (aber nicht darin schwimmt). Die Pfanne stark erhitzen, bis das Wasser zu kochen beginnt, dann die Hitze reduzieren. *Ist die Flüssigkeit verdampft,* erhitzen Sie die Pfanne erneut, um den Speck anzubraten.

Grillfleisch zarter machen mit Bier

Bier enthält Enzyme, die Fleischfasern angreifen. Das klingt negativ, ist es aber gar nicht, denn in Bier eingelegtes Fleisch wird dank diesem Effekt zarter. *Wählen Sie eine dunkle Sorte, da diese aromatischer ist,* und legen Sie Ihr Grillfleisch über Nacht darin ein.

TIPP Sie können auch eine richtige Marinade aus Bier zubereiten, indem Sie noch verschiedene Kräuter oder andere Würzmittel hinzufügen.

Grillfleisch aromatischer machen mit Kräutern

Würzige Kräuter wie Salbei, Thymian oder Rosmarin können beim Grillen in frischer Form *direkt aufs Grillgut, darunter oder daneben auf den Rost* gelegt werden, da sie unempfindlich sind gegenüber starker Hitze. So entfalten sie gleich an Ort und Stelle ihr tolles Aroma und würzen das Fleisch intensiv.

TIPP Um den Grillrost am Ende leichter reinigen zu können, streichen Sie ihn vor der Benutzung mit etwas Speiseöl ein.

Rauch beim Grillen reduzieren mit Salz

Wenn Sie *etwas Salz in die Glut* streuen, entwickelt sich beim Grillen nicht so viel Rauch, ohne dass die Temperatur beeinträchtigt wird.

Eiswürfel machen soll eine Kunst sein? Nun, im Prinzip natürlich nicht. Aber es gibt wie immer im Leben auch hier Optimierungspotenzial, das sich sehr leicht heben lässt.

Eiswürfel schneller herstellen mit warmem Wasser

Wenn Sie Eiswürfel machen wollen, geben Sie *warmes Wasser in Ihre Form anstatt kaltes.* Auch wenn es paradox klingen mag, gefriert das warme Wasser schneller und Sie können die Eiswürfel schneller verwenden.

Eiswürfel transparent machen mit abgekochtem Wasser

Der Grund für getrübte Eiswürfel sind Gase im Wasser, die beim Gefriervorgang entweichen und Bläschen im Eis hinterlassen. Eiswürfel, die *aus abgekochtem Wasser gemacht* wurden, werden hingegen glasklar: Die Gase im Wasser entweichen beim Kochen.

TIPP Frieren Sie doch einzelne Himbeeren mit ein oder geben Sie Zitronensaft statt Wasser in die Form. Solche Eiswürfel sind eine tolle Erfrischung im Sommer und verleihen jedem „langweiligen" Glas Mineralwasser das gewisse Etwas!

EISWÜRFEL SCHNELLER HERSTELLEN *und transparent machen*

KONFITÜRE *einkochen ohne Gelierzucker*

Früher wurde Obst ganz ohne Gelierzucker zu Konfitüre eingekocht, und natürlich funktioniert das auch heute noch. Da Gelierzucker in der Regel sehr viele Zusatzstoffe enthält und zudem auch bestimmt, wie hoch der Zuckergehalt der Konfitüre ist, ist folgendes Grundrezept vielleicht eine gute Alternative für alle, die selbst bestimmen möchten, wie süß ihr Aufstrich wird. Das Zaubermittel hierbei lautet Pektin, denn dieses sorgt für das Eindicken des Obstes: Viele Früchte enthalten von Natur aus ausreichend Pektin, um beim Einkochen die richtige Konsistenz auszubilden. Und alle anderen müssen mit solchen Früchten kombiniert werden.

Zutaten
- 1 kg Früchte - je nach Pektingehalt und Geschmack eine Sorte oder eine Kombination aus verschiedenen Früchten, s. Schritt 1.
- 200-500 g Zucker
- Gewürze nach Wahl, z.B. Basilikum, Thymian, Vanille, Zimt (optional)

1. Wählen Sie das Obst aus, das Sie verarbeiten möchte. Äpfel, Heidelbeeren, Johannisbeeren, Stachelbeeren und Quitten haben einen hohen Pektingehalt, sie können ganz ohne Zusätze eingekocht werden. Zitrusfrüchte enthalten ebenfalls viel Pektin; sie können sehr gut verwendet werden, um Konfitüre aus Früchten mit mittlerem oder niedrigem Pektingehalt einzudicken. Dies sind z.B. Aprikosen, Birnen, Brombeeren, Erdbeeren, Himbeeren, Holunderbeeren, Kirschen, Mirabellen, Nektarinen, Pfirsiche, Pflaumen und Rhabarber.

2. Wenn Sie also z.B. Erdbeerkonfitüre einkochen möchten, kombinieren Sie sie mit Johannisbeeren oder geben Sie einen guten Schuss Zitronensaft in das Erdbeermus, bevor Sie es einkochen.

3. Waschen Sie die Früchte, geben Sie sie in eine große Schüssel und bedecken Sie sie mit einem Teil der Zuckermenge, die Sie Ihrer Konfitüre insgesamt zufügen möchten. Über Nacht ziehen lassen.

4. Geben Sie die Früchte in einen großen Topf aus Edelstahl, Kupfer oder Emaille. Je nachdem, wie viel Saft sie gezogen haben, kann es notwendig sein, etwas Wasser hinzuzufügen. Die Früchte zum Kochen bringen und weichkochen.

5. Pürieren Sie die weichgekochten Früchte und rühren Sie den restlichen Zucker ein, bis sich dieser vollständig aufgelöst hat.

6. Das Mus erneut aufkochen lassen und den Geschmack überprüfen, ggf. Gewürze und weiteren Zucker hinzufügen.

7. Unter Rühren ca. 40 Min. lang weiterkochen, bis die Flüssigkeit komplett verkocht ist. Um die Konsistenz zu überprüfen, geben Sie einen EL auf einen kleinen Teller und lassen Sie ihn ein wenig abkühlen: Er sollte in kurzer Zeit gelieren. Ist das nicht der Fall, kochen Sie das Mus noch weiter ein.

8. Die fertige, noch heiße Konfitüre in absolut saubere Gläser abfüllen und abkühlen lassen. Sie ist mehrere Monate haltbar.

EISCHNEE SCHNELLER STEIF SCHLAGEN UND EIER *marmorieren*

Eischnee schneller steif schlagen mit Zitronensaft oder Essig

Damit Eischnee schneller die erwünschten Spitzen zeigt und steif wird, können Sie in das Eiweiß, das *in einer absolut sauberen Schüssel mit absolut sauberen Utensilien* geschlagen werden sollte, ein paar Tropfen Zitronensaft oder Essig geben. Keine Sorge, man schmeckt diese Hilfsmittel am Ende nicht.

TIPP Um die Konsistenz zu überprüfen, schneiden Sie mit einem Messer in den Eischnee: Hinterlässt es einen klaren Schnitt, ist der Eischnee fertig.

Eier marmorieren mit Schwarztee

Für einen schnellen Hingucker auf dem Buffet der nächsten Gartenparty sorgen marmorierte Eier. Die Eier *zwei Minuten lang kochen*, dann herausnehmen und die Schalen rundherum anbrechen, indem Sie die Eier vorsichtig auf der Arbeitsplatte anschlagen. *Kochen Sie nun Schwarztee mit Sojasoße zu einem Sud auf* und legen Sie die Eier hinein; in ca. 6 Min. vollständig hart kochen, dann die Platte ausschalten und die Eier im Sud abkühlen lassen.

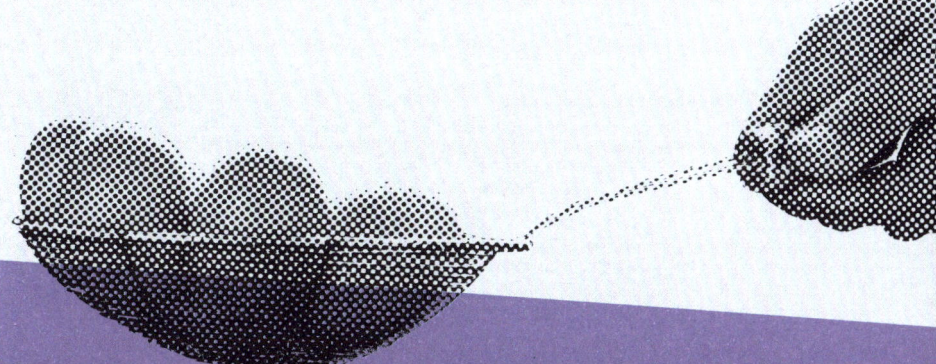

Pfannkuchen luftiger backen mit Mineralwasser

Pfannkuchen oder Pancakes werden luftiger, wenn Sie dem Teig nicht nur Milch, sondern auch Mineralwasser zufügen: *Die Kohlensäure sorgt für eine besonders fluffige Konsistenz.* Eier, Milch, Salz und Mehl verquirlen und das Mineralwasser hinzugeben, bis eine dickflüssige Konsistenz erreicht ist (für Pancakes benötigen Sie eine eher zähflüssige Konsistenz). Den Teig ca. 15 Min. ruhen lassen, dann ausbacken.

Waffeln perfekt backen mit Sahne oder Backpulver

Die perfekte Waffel ist für jeden etwas anderes – und meistens eben genau so, wie Oma sie immer gemacht hat! *Wenn Sie am liebsten weiche Waffeln mögen, fügen Sie dem Teig Sahne (oder auch Quark) hinzu.* Knuspriger werden die Waffeln mit Mineralwasser. Und für besonders fluffige Waffeln geben Sie Backpulver in den Waffelteig.

TIPP Achten Sie zudem darauf, dass alle Zutaten für den Teig die gleiche Temperatur haben, also zimmerwarm sind. Dann verbinden sie sich leichter.

Kuchenteig gelb leuchten lassen mit Safran

„Safran macht den Kuchen gel", lautet eine Zeile in einem berühmten deutschen Kinderlied. Und es stimmt: *Das Gewürz verleiht dem Teig eine intensiv gelbe Farbe,* und das ohne den Geschmack großartig zu beeinflussen.

TIPP Verwenden Sie am besten immer Safranfäden, die Sie selbst mörsern, denn gemahlener Safran ist häufig mit Kurkuma gestreckt und hat einen entsprechenden Eigengeschmack.

Trockenen Kuchen befeuchten mit Likör oder Sirup

Wenn der Rührkuchen zu trocken aus dem Backofen gekommen ist, können Sie ihn retten, indem Sie mit einem Holzstäbchen Löcher in die Oberseite einstechen und den Kuchen mit etwas Likör oder Sirup nach Wahl beträufeln. *Geben Sie aber immer nur ein paar Tropfen darauf und lassen Sie diese vollständig einziehen.* Bei Bedarf mehrfach wiederholen.

Gerade in der Weihnachtszeit wird gebacken, was das Zeug hält.
Um die Tonnen von Plätzchen effizient abzuarbeiten und die fertigen
Plätzchen dann auch noch als Deko verwenden zu können, weil sie so
hübsch geworden sind, helfen Öl und Salz.

Teig leichter kneten mit Öl

Damit der Teig *beim Kneten mit dem Handrührgerät oder der
Küchenmaschine* nicht an den Knethaken hochklettert, bestreichen
Sie diese mit ein wenig Pflanzenöl.

TIPP Wer lieber selbst knetet, sollte die Hände nicht mit Öl einreiben,
aber zumindest mit Mehl bestäuben: Auch das verhindert ein Festkleben
des Teigs.

Zuckerguss glatt erhalten mit Salz

Zuckerguss ist aus etwas Wasser, Zitronensaft oder auch Rotwein
schnell hergestellt: *1 EL Flüssigkeit mit Puderzucker zu einer zähen
Masse verrühren,* bei Bedarf tröpfchenweise noch mehr Flüssigkeit
hinzugeben (nicht zu viel auf einmal, da es schnell passieren kann,
dass dann sehr viel mehr Puderzucker untergerührt werden muss als
geplant). Damit er auch nach dem Trocknen auf den Plätzchen noch
schön matt und glatt aussieht und *nicht auskristallisiert, fügen Sie
eine Prise Salz hinzu.*

TIPP Um Gebäck mit krümeliger Oberfläche perfekt zu glasieren – ob mit Zuckerguss oder mit Schokolade –, geben Sie es vorher für ca. 10 Min. ins Tiefkühlfach: So frieren die Krümel leicht an und bleiben an ihrem Platz, wenn Sie mit dem Pinsel darüber gehen.

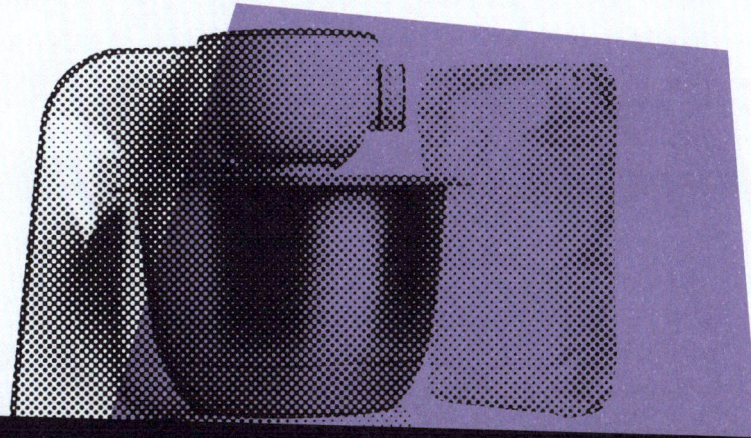

TEIG LEICHTER KNETEN UND ZUCKER-GUSS *glatt erhalten*

ZUTATEN ERSETZEN & IMPROVISIEREN

Spontan kündigt sich Besuch an, doch um schnell einen Kuchen zu backen, fehlen Ihnen ein paar Zutaten? Keine Panik: Die meisten der gängigen Backzutaten kann man durch irgendein Hausmittel ersetzen, das man sicher im Schrank hat. Und auch beim Kochen gibt es ein paar Tricks, wie man das geplante Gericht hinbekommt, ohne noch mal einkaufen fahren zu müssen. Wer außerdem in der Küche gerne ohne tierische Produkte zaubert, findet hier ebenfalls ein paar Anregungen, die häufig auch noch ganz andere Geschmackserlebnisse mit sich bringen.

KAPITEL

4/

STATT SPEISESTÄRKE: KARTOFFELMEHL
selber machen

Die klassische Speisestärke aus Mais lässt sich wunderbar durch selbstgemachte Kartoffelstärke, auch Kartoffelmehl genannt, ersetzen. Die Herstellung erfordert nicht viel, nur ein wenig Zeit.

Zutaten
- **Kartoffeln**

1. Schälen Sie die Kartoffeln und reiben Sie sie mit einer Küchenreibe; grobes Reiben genügt.
2. Geben Sie die geriebenen Kartoffeln in eine Schüssel und bedecken Sie sie mit klarem Wasser. *Mind. 1 Std. ruhen lassen.*
3. Die Kartoffeln durch ein Haarsieb in eine neue Schüssel passieren. Alternativ können Sie die Masse *in ein Geschirrtuch geben und über der Schüssel ausdrücken.*
4. Die Flüssigkeit erneut 1 Std. ruhen lassen, dann überschüssiges Wasser vorsichtig abgießen: Der Bodensatz ist die Stärke.
5. Den Bodensatz durchtrocknen lassen, dann in ein Glas mit Schraubdeckel abfüllen.
6. Verwenden Sie je nach gewünschter Konsistenz (flüssiger oder fester) *1–2 EL des Kartoffelmehls auf 500 ml Flüssigkei*t: In etwas kalter Flüssigkeit anrühren, dann in die heiße Speise geben und aufkochen lassen.

STATT SOSSENBINDER: MEHLSCHWITZE *zubereiten*

Soßen binden wird ab jetzt ganz einfach: Je nachdem, ob Sahne- oder Käsesoße, helle oder dunkle Soße gebunden werden soll, verleiht man der selbstgemachten Mehlschwitze einen anderen Bräunungsgrad.

Zutaten
- **Mehl**
- **Butter**

1. Stellen Sie *Mehl und Butter im Verhältnis 3:4* bereit. Für eine leichtere Variante wählen Sie ein Verhältnis von 1:1.
2. Die Butter im Topf zerlassen, dann das Mehl hineinsieben und mit einem Schneebesen einrühren. *Das Ziel ist eine glatte Konsistenz* der Mischung.
3. Aufkochen und je nach gewünschter Farbe köcheln lassen: für eine hellere Variante ca. 4–6 Min., für eine dunklere mit mehr Röstaromen ca. 7 Min.

TIPP Für 500 ml Soße, die gebunden werden soll, sind ca. 30 g Mehl und 40 g Butter nötig.

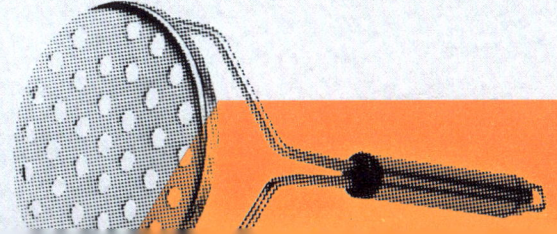

SAHNE UND BUTTER *ersetzen*

Sahne und Butter sind Geschmacksträger, da sie hauptsächlich aus Fett bestehen. Man muss sie also bei Bedarf mit etwas Fetthaltigem ersetzen, und da gibt es zum Glück Alternativen. Soll mit der Zugabe von Sahne vor allem eine cremige Konsistenz erreicht werden, wird man ebenfalls schnell fündig!

Sahne ersetzen mit Blumenkohl

Blumenkohl ist recht geschmacksneutral und hat püriert eine cremige Konsistenz. Dadurch eignet er sich gut als Sahneersatz *für herzhafte Speisen:* Den Blumenkohl weichkochen und nach Belieben mit etwas Butter zusammen pürieren.

TIPP Fehlt Ihnen Sahne für Süßspeisen, z.B. als Topping für den Kuchen, schlagen Sie doch einfach etwas Kokosmilch auf!

Butter ersetzen mit Öl

Wenn gerade keine Butter zur Hand ist, kann man sie mit Margarine ersetzen, klar. Doch auch neutrales Speiseöl, z.B. Sonnenblumenöl, leistet hierbei gute Dienste, vor allem etwa in Kuchenteigen. Da in Butter Wasser enthalten ist, in Öl hingegen nicht, sollten Sie auch etwas Flüssigkeit hinzugeben, z.B. Milch. Achten Sie dabei auf die Mengen: Um 100 g Butter zu ersetzen, benötigen Sie nur 85 g Öl und 15 g Flüssigkeit. Und ersetzen Sie möglichst nicht die komplette Buttermenge im Rezept mit Öl, sonst kann der Teig sehr fettig werden und die Konsistenz darunter leiden.

Mehl ersetzen mit Nüssen

Fehlendes Mehl kann man zumindest teilweise durch gemahlene Nüsse, z.B. Haselnüsse, ersetzen. Die Menge bleibt dabei gleich. Am besten verwenden Sie ganze Nüsse, die Sie selbst mahlen, da gemahlene Nüsse aus dem Supermarkt mit Schimmelpilzen belastet sein können und nicht allzu lange gelagert werden sollten. *Beachten Sie aber, dass der Kuchen durch die Zugabe von Nüssen für Allergiker ungeeignet wird!*

TIPP Auch mit Speisestärke kann man Mehl ersetzen, allerdings funktioniert auch das nur mit bis zu 50% der Mehlmenge: Sonst wird der Kuchen unter Umständen zu trocken.

Paniermehl ersetzen mit Chips

Eine besonders würzige Panade für Schnitzel und Co. stellen Sie aus Kartoffelchips her: *Chips nach Geschmack auswählen und möglichst klein zerbröseln* – das geht am besten mit einem Nudelholz, solange sie noch in der Tüte sind. Dann das Fleisch wie gewohnt erst in Mehl, dann in Ei und dann in den Chipsbröseln wälzen.

TIPP Chipsbrösel, vermengt z.B. mit Schmand und Reibekäse, geben auch ein tolles, knuspriges Topping für Aufläufe ab. Einfach darüberstreuen und im Ofen mitbacken!

MEHL UND
PANIERMEHL *ersetzen*

TIPP Um Eier sinnvoll zu ersetzen, ist zunächst zu klären, was das Ei im Rezept bewirken soll: Soll es binden, Flüssigkeit hinzufügen oder den typischen Eigeschmack verleihen? Oder sollen mehrere dieser Eigenschaften zum Tragen kommen?

TOP 7

*EIER
ERSETZEN*

1. SAHNE, für alle Speisen.

Ein Ei Gr. M fügt dem Rezept ca. 50 ml Flüssigkeit hinzu, die Sie mit 50 ml Sahne ersetzen können. Tauschen Sie aber höchstens die Hälfte der Eier im Rezept mit Sahne, denn Eier bringen auch Geschmack mit.

2. ESSIG + NATRON, für alle Speisen.

Eine fluffige Konsistenz ohne Essiggeschmack erreicht man mit Essig und Natron. Um ein Ei zu ersetzen, vermischen Sie 1 EL Essig mit 1 TL Natron. Achtung, die Mischung sprudelt auf!

3. BACKPULVER,
für alle Teigspeisen mit sehr wenig Eigehalt.

Sorgt für luftige Teigspeisen, aber nur in Rezepten, die mit einem Ei auskommen. Dafür (je nach im Rezept angegebener Größe des Eis) ½–1 TL Backpulver hinzufügen.

4. LUPINENMEHL,
für alle Teigspeisen mit mittlerem Eigehalt.

Vermischen Sie pro Ei 15 g Lupinenmehl mit 45 ml Flüssigkeit, z.B. (Pflanzen-)Milch oder Wasser, und ersetzen Sie zusätzlich ca. 30% der Mehlmenge durch Stärke. Bei Rezepten mit Backpulver auch davon ca. 20% mehr verwenden als angegeben.

5. APFELMUS, **für süße Teigspeisen.**

Für eine fruchtige Note und zusätzliche Süße sorgt Apfelmus, mit dem bis zu drei Eier ersetzt werden können. Pro Ei (je nach im Rezept angegebener Größe) 1-3 EL einrühren.

6. BANANE, **für süße Teigspeisen.**

Für bis zu vier Eier im Rezept. Pro Ei (je nach im Rezept angegebener Größe) eine halbe bis eine ganze Banane fein zerdrücken und einarbeiten.

7. LEINSAMEN, **v.a. für Vollkornteig.**

Gemahlene Leinsamen (2 EL pro Ei) im Verhältnis 2:3 mit Wasser mischen und kurz quellen lassen, dann dem Teig zufügen.

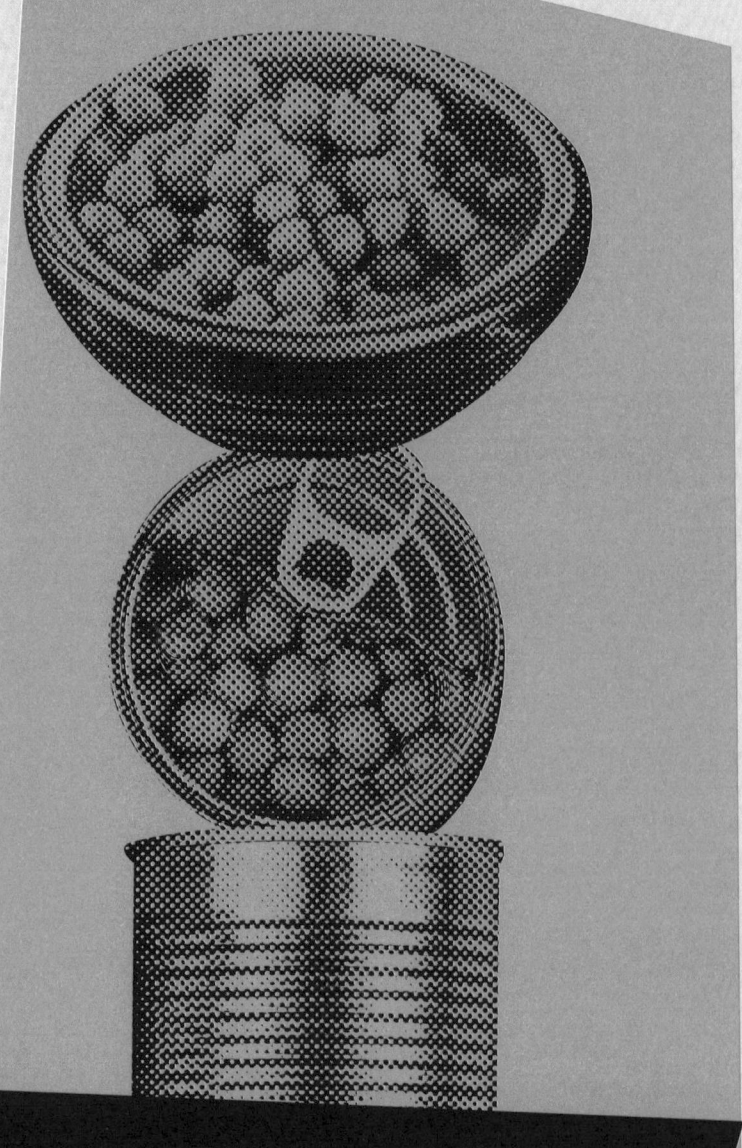

EIWEISS UND SAHNESTAND-MITTEL *ersetzen*

Eiweiß ersetzen mit Einweichwasser

Das *Einweichwasser aus Bohnen- oder Kichererbsenkonserven* lässt sich wie Eiweiß zu „Eischnee" aufschlagen. Der Grund hierfür ist, dass Eiweiß aus Proteinen besteht, die beim Aufschlagen eine feste Masse bilden. Und da Bohnen und Kichererbsen sehr proteinreich sind, verhält sich ihr Einweichwasser genauso. Beachten Sie aber, dass die Bekömmlichkeit eines solchen „Eischnees" nicht immer gegeben ist (s. S. 109).

Sahnestandmittel ersetzen mit Johannisbrotkernmehl

Sahnestandmittel enthalten Konservierungsstoffe, auf die man vielleicht lieber verzichten möchte. Wer eine Alternative sucht, kann auf Johannisbrotkernmehl zurückgreifen. *Das geschmacksneutrale Pulver einfach mit ein wenig Puderzucker vermischen,* damit es sich besser in der Sahne verteilen lässt, und wie gewohnt einarbeiten.

TIPP Wer Sahnestandmittel auf Vorrat herstellen möchte, vermischt Johannisbrotkernmehl mit Puderzucker im Verhältnis 1:2 und füllt es in ein Schraubglas ab. 1–2 TL pro 250 g Schlagsahne reichen in der Regel aus für einen festen Stand.

Backpulver ersetzen mit Alkohol

Natürlich kann Backpulver durch reines Natron ersetzt werden, denn Natron ist der Hauptbestandteil von Backpulver. Wenn aber beides nicht zur Hand ist, tut es auch etwas hochprozentiger Alkohol, z.B. *2 EL Rum je 1 TL Backpulver*. Der meiste Alkohol verfliegt beim Backen.

TIPP Als alkoholfreier Ersatz für Backpulver können neben Natron auch Pottasche oder Hirschhornsalz verwendet werden. Letztere beiden sorgen aber vor allem dafür, dass das Gebäck in die Breite geht, nicht in die Höhe.

Hefe ersetzen mit Backpulver

Hefe ist ein Backtriebmittel, genau wie Backpulver. Es liegt also nahe, fehlende Hefe mit Backpulver auszugleichen – *damit Letzteres aber den gleichen Effekt entfaltet, kommt es auf die richtige Dosierung an.* Ein Päckchen Backpulver enthält 7 g Backpulver und wird für 500 g Mehl empfohlen. Als Hefe-Ersatz muss deutlich mehr Backpulver hinzugegeben werden, nämlich *4 g auf 100 g Mehl.* Aber dann klappt dieser Tauschhandel ganz wunderbar!

BACKPULVER UND HEFE *ersetzen*

TRADITIONELLES SELBER MACHEN

Wir können im Supermarkt jederzeit alles kaufen. Es ist nicht mehr nötig zu wissen, wie man Sauerkraut oder Pudding zubereitet, ganz ohne Konserve oder Tütchen. Wenn man diese Dinge aber selbst macht, spart man nicht nur Geld, sondern auch jede Menge Zusatzstoffe: Die sind in so gut wie allen Fertigprodukten enthalten, weil diese oft weite Transportwege hinter sich haben, bis sie schließlich gekauft und verzehrt werden, und lange halten müssen. Und immer gleich (gut) schmecken sollen sie ja auch noch. Wer Wert darauf legt zu wissen, was da auf seinem Teller liegt, tut gut daran, das eine oder andere Fertigprodukt mal selbst herzustellen - ein gutes Gefühl beim Genießen gibt's gratis dazu!

KAPITEL
5/

SAUERKRAUT
einmachen mit Salz

Zutaten
- **1,5 kg Weißkohl**
- **20 g Salz**
- **Gewürze nach Geschmack, traditionell z.B. Kümmel, Lorbeerblätter, Wacholder**

1. Den Weißkohl waschen, von den äußeren Blättern befreien und vierteln. Den Strunk entfernen und in feine Streifen hobeln.
2. Geben Sie das Kraut *in eine große Schüssel* und bestreuen Sie es mit dem Salz und weiteren Gewürzen.
3. Das Kraut nun so lange von Hand kneten, bis sich in der Schüssel eine größere Menge Kohlsaft angesammelt hat.
4. Geben Sie das Kraut in ein oder mehrere Einmachgläser, die Sie mitsamt Deckeln und Gummis *zuvor mit kochend heißem Wasser ausgespült* und so sterilisiert haben.
5. Das Kraut am besten mit einem Kartoffelstamper fest in die Gläser hineindrücken, dann den Saft darüber verteilen. *Das Kraut muss komplett mit Saft bedeckt sein.*
6. Dann die Gläser *luftdicht verschließen,* dafür Frischhaltefolie über die Glasöffnung legen und den Deckel auflegen.
7. Die Gläser in eine Wanne stellen, um eventuell austretende Flüssigkeit aufzufangen. Zunächst ca. 5 Tage dunkel bei Zimmertemperatur lagern, dabei täglich kontrollieren, dass das Kraut vollständig im Saft liegt. Bei Bedarf stampfen Sie es erneut.
8. Ziehen Sie die Gläser nun in den Kühlschrank oder den Keller um.
9. *Nach ca. 3 Wochen* ist das Sauerkraut ausreichend vergoren und verzehrfertig, es hält sich aber kühl gelagert einige Monate.

ROTKOHL *einkochen* *mit Essig*

Zutaten

- **2 kg Rotkohl**
- **2 EL Salz**
- **Gewürze nach Belieben, traditionell Lorbeerblätter, Nelken, Wacholderbeeren, Pfeffer**
- **1 l Flüssigkeit, traditionell Essig, Apfelsaft, Wasser im Verhältnis 1:1:2**
- **150 g Zucker**

1. Den Rotkohl waschen, von den äußeren Blättern befreien und vierteln. Den Strunk entfernen und in feine Streifen hobeln.
2. In einer großen Schüssel salzen und nach Geschmack würzen. Die *Flüssigkeiten mit dem Zucker* in einem separaten Becher vermischen.
3. Sterilisieren Sie dann feuerfeste Einmachgläser und die zugehörigen Deckel und Gummis mit kochend heißem Wasser und geben Sie das Kraut hinein: *Jedes Glas bis zu ¾ mit Kraut füllen* und bis zum Rand mit Flüssigkeit aufgießen.
4. Die Deckel auf die Gläser legen und die Gläser in der Fettpfanne in den Backofen stellen. So viel Wasser hineingeben, dass die Gläser ca. 3 cm hoch im Wasser stehen. Bei 180 °C (Ober-/Unterhitze) das Wasser zum Kochen bringen, dann den Backofen ausschalten und die Gläser mind. 40 Min. darin stehen lassen. Auf einem Gitterrost auskühlen lassen.

Sauer eingelegtes Gemüse ist vor allem im Winter beliebt und eine tolle Möglichkeit, frische Lebensmittel länger haltbar zu machen: Die Säure im Essig konserviert, ganz ohne dass weitere Zusatzstoffe nötig wären.

Gurken sauer einlegen mit Salz und Essig

Legen Sie die *gründlich gewaschenen*, makellosen Gurken über Nacht in einer Mischung aus ca. 5 EL Salz und Wasser ein; die Gurken müssen vollständig vom Salzwasser bedeckt sein. Dann in einem Topf einen Essigsud zubereiten, etwa aus 350 ml Essig + 350 ml Wasser + 150 g Zucker + ½ EL Salz. Zum Würzen z.B. *Zwiebeln (gewürfelt), Pfefferkörner, Bohnenkraut und Dill* vermischen und je 1–2 EL davon in ein sauberes Schraubglas geben, das deutlich höher ist als die Gurken. Spülen Sie die eingesalzenen Gurken ab und schichten Sie sie senkrecht in die Gläser ein. Weitere Gewürze ins Glas geben und die *Gläser mit dem Sud auffüllen bis ca. 1 cm unter den Rand*. Die Gläser fest verschließen und mind. 4 Wochen an einem kühlen, dunklen Ort aufbewahren.

Bohnen sauer einlegen mit Essigessenz

Um frische grüne Bohnen einzulegen, bereiten Sie zunächst die Bohnen vor: Die Enden abschneiden, waschen und *ca. 15 Min. in Salzwasser kochen*. Das Kochwasser auffangen und zusammen mit Zwiebeln (gewürfelt), Essigessenz (im Verhältnis 1:5 zum Kochwasser), etwas Salz und einer guten Portion Zucker erneut ca. 20 Min. köcheln lassen. Saubere Einmachgläser mit den Bohnen füllen, dabei etwas Abstand zum Rand einhalten. *Die Gläser mit dem Sud auffüllen und fest verschließen*. So viel Wasser in die Fettpfanne des Backofens geben, dass die Gläser 3 cm hoch im Wasser stehen. Bei 180 °C (Ober-/Unterhitze) das Wasser zum Kochen bringen, dann den Backofen ausschalten und die Gläser ca. 30 Min. darin stehen lassen. Auf einem Gitterrost auskühlen lassen.

GURKEN UND BOHNEN
sauer einlegen

Frischkäse selber machen aus Milch

500 ml Milch aufkochen, vom Herd nehmen und mit 1 EL Zitronensaft gerinnen lassen. Bringen Sie die Milch erneut zum Kochen und *gießen Sie sie dann durch einen Stoff, z.B. eine dünne Baumwollwindel hindurch durch ein Sieb*. Die Masse im Tuch in den Kühlschrank stellen: Nach einigen Stunden kann der Frischkäse verzehrt werden.

TIPP Das funktioniert nur mit Frischmilch, H-Milch ist nicht geeignet.

Butter selber machen aus Sahne

Für selbstgemachte Butter braucht man nur einen Handrührer mit Quirlaufsatz und etwas frische Vollfett-Sahne. *Die Sahne auf höchster Stufe schlagen,* nach ca. 10 Min. trennt sie sich in Butter und Buttermilch. Die Buttermilch abgießen, den Butterklumpen selbst „waschen": *In eiskaltem Wasser so lange kneten,* bis die erneut austretende Buttermilch das Wasser trübt. Das Wasser durch frisches kaltes Wasser ersetzen und erneut kneten, bis es nicht mehr trüb wird. Die fertige Butter noch einmal gründlich ohne Wasserbad kneten, damit kein Wasser daran haften bleibt, und in einer Schüssel aufbewahren.

TIPP Alternativ können Sie die Sahne auch in ein Schraubglas geben, dieses fest verschließen und die Sahne so lange schütteln, bis sie sich trennt. Dies ist allerdings recht zeitaufwendig, da man zunächst ca. 20 Min. schütteln muss, bis eine erste Trennung von Butter und Buttermilch stattfindet. Die Buttermilch abgießen und die Butter weiterschütteln, bis sich erneut Buttermilch abgesetzt hat. Diese erneut abgießen und weiterschütteln, bis die Butter im Glas keine Buttermilch mehr abgibt. Und dann steht erneut das Waschen an...

Joghurt selber machen aus Milch

Wollen Sie aus Milch selbst Joghurt herstellen, benötigen Sie etwas gekauften Naturjoghurt. *Erhitzen Sie 1 l Milch in einem Topf auf exakt 45 °C* (mit einem geeigneten Thermometer kontrollieren!) und geben Sie 2 EL Joghurt hinein. Gut verrühren und die Joghurtmilch in saubere Schraubgläser abfüllen. *Ca. 12 Std. an einen warmen Ort stellen:* Nun sollte der Joghurt im Glas stichfest sein.

KLAREN TORTENGUSS UND PUDDINGPULVER
herstellen

Klaren Tortenguss herstellen mit Kartoffelmehl

Für einen schön transparenten Tortenguss ganz ohne Tütchen benötigen Sie nur etwas Kartoffelmehl (s. S. 80), Zucker und Zitronensaft. Stellen Sie 250 ml Wasser bereit. *Nehmen Sie davon 3 EL ab und rühren Sie 18 g Kartoffelmehl damit glatt.* Das übrige Wasser aufkochen, dabei 2 EL Zucker darin auflösen und etwas Zitronensaft hinzugeben. Die Stärke einrühren, das Wasser aufkochen lassen und die Mischung mit dem Schneebesen glatt rühren. *Kurz etwas abkühlen lassen,* dann auf den Kuchen geben.

TIPP Um den Guss einzufärben, können Sie 50 ml Fruchtsaft verwenden, z.B. Kirschsaft. Achtung: Sie können auch andere Speisestärke verwenden, dann wird der Guss aber nicht transparent.

Puddingpulver herstellen mit Speisestärke

Neben Milch benötigen Sie für selbstgekochten Pudding lediglich *Speisestärke und Zucker, im Verhältnis 2:1 gemischt.* Nehmen Sie für eine Portion von 500 ml Milch 3 EL ab und rühren Sie eine Stärke-Zucker-Mischung aus 40 g Stärke und 20 g Zucker damit glatt. Die Mischung zur restlichen Milch geben und nach Belieben z.B. für Vanillepudding 1 TL Vanilleextrakt (s. S. 102) oder eine Vanilleschote hinzufügen, für Schokopudding 2 EL Backkakao.

Besondere, intensiv schmeckende Gewürze geben unseren Speisen die besondere Raffinesse und können Klassikern auf einfachste Art und Weise einen neuen Anstrich verleihen. Versuchen Sie es doch mal mit selbst aromatisiertem Zucker im Rührteig – Sie werden den Unterschied schmecken!

Minzzucker herstellen mit Minze

Um aromatisierten Zucker herzustellen, braucht man nicht viel: Im Falle von Minzzucker reichen *ca. 35 frische Minzblätter und 100 g Zucker.* Mörsern Sie Zucker und Minzblätter so lange, bis der Zucker vollständig grün ist. In ein Schraubglas abfüllen und *trocken und dunkel lagern.*

TIPP Zitronenzucker lässt sich ähnlich einfach herstellen: Dafür die Schale einer Bio-Zitrone abreiben, kurz bei ca. 60 °C im Backofen trocknen und zusammen mit 100 g Zucker fein mörsern.

Vanilleextrakt herstellen mit Alkohol

Auch das ist ein simples Zwei-Zutaten-Rezept: *Schlitzen Sie 5 Vanille-schoten längs auf, halbieren Sie sie* und legen Sie sie in ein sauberes Schraubglas. Mit *ca. 200 ml hochprozentigem, geschmacksneutralen Alkohol* wie Wodka auffüllen und vor der ersten Verwendung ca. 6 Mon. an einem dunklen Ort ziehen lassen, dabei regelmäßig ein wenig schütteln. Je länger der Extrakt ziehen darf, desto intensiver wird das Geschmackserlebnis! *Für eine Portion Teig reicht ca. 1 TL.* Den fertigen Extrakt ebenfalls dunkel und nicht zu warm aufbewahren.

EIERLIKÖR *zubereiten mit Eigelb*

Eierlikör diente früher vor allem dazu, die Eierflut in den warmen Monaten einzudämmen und etwas Haltbares daraus herzustellen. Man benötigt nur das Eigelb dafür; Ideen für das Eiweiß finden Sie z.B. auf S. 48.

Zutaten
- 250 ml Sahne
- 200 g Puderzucker
- 1 Pck. Vanillezucker
- 8 Eigelb
- 250 ml Rum
- 2 TL Vanilleextrakt (s. gegenüber)

1. Sahne, Puderzucker und Vanillezucker in einem Topf aufkochen lassen, vom Herd nehmen und auf ca. 70 °C abkühlen lassen.
2. Die Eigelbe *schaumig schlagen* und in die Sahne einrühren.
3. Bei sehr schwacher Hitze *ca. 15 Min. unter Rühren* ziehen lassen.
4. Den Rum und den Vanilleextrakt dazugeben und alles verrühren.
5. In mit kochend heißem Wasser ausgespülte Flaschen mit Schraubverschluss abfüllen und die Flaschen nach dem vollständigen Abkühlen *nicht länger als 6 Mon. im Kühlschrank* aufbewahren.

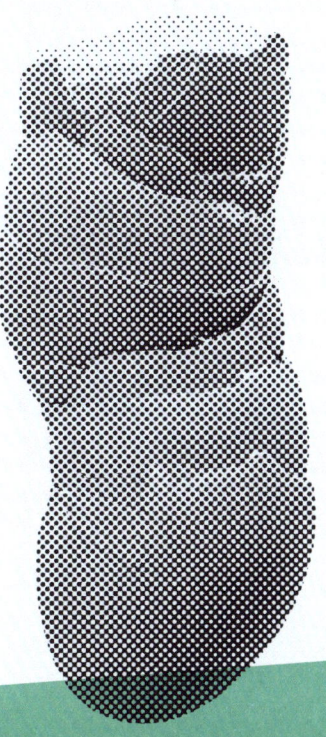

Fruchtsirup selber machen mit Zitronensaft

Fruchtsirup kann mit Obst aus dem Garten schnell selbst hergestellt werden. *1 kg Obst nach Wahl*, z.B. Himbeeren, Brombeeren, Birnen o.ä., gründlich waschen und pürieren, bei Bedarf zuvor entkernen und klein schneiden. *500 g Zucker untermischen und in 1 l Wasser zum Kochen bringen*. Etwa 30 Min. unter Rühren köcheln lassen, dann ca. 100 ml Zitronensaft einrühren. Den fertigen Sirup durch einen dünnen Stoff abseihen und in saubere Flaschen mit Schraubverschluss abfüllen.

Glühwein selber machen mit Rotwein

Bei selbstgemachtem Glühwein können Sie die Würzmischung einfach selbst bestimmen! *Auf ca. 1 l Rotwein benötigt man* eine Bio-Orange, in Scheiben geschnitten, 60–70 g Zucker und Wintergewürze nach Wahl, z.B. Zimtstangen, Gewürznelken, Vanilleschoten oder Kardamomkapseln. Den Rotwein in einem Topf *auf max. 78 °C erhitzen* – mit einem geeigneten Thermometer kontrollieren oder genau beobachten: Wenn sich leichter Schaum bildet, ist die Temperatur ideal. Orangenscheiben, Zucker und Gewürze hinzufügen, vom Herd nehmen und den Glühwein *ca. 1 Std. ziehen lassen*. Zum Genießen erneut erhitzen und durch ein Sieb in Tassen umfüllen.

TIPP Damit die Gewürze noch intensiver schmecken, können Sie sie vor dem Hinzugeben anquetschen.

FRUCHTSIRUP UND GLÜHWEIN
selber machen

BESSER ESSEN & VERDAUEN

Häufig hat man das Gefühl, etwas liegt schwer im Magen. Manchmal wird gar sogleich eine Allergie oder eine Nahrungsmittelunverträglichkeit vermutet, wenn Essen nicht gut vertragen wird oder nach dem Genuss Beschwerden wie Sodbrennen oder Magendrücken auftreten. Bei länger anhaltenden oder sehr starken Beschwerden muss natürlich immer eine medizinische Abklärung der Ursachen stattfinden! Häufig liegt die Lösung aber auch einfach in einer anderen Zubereitung der Lebensmittel - oder es gibt ein einfaches Hausmittel, das die Beschwerden ruckzuck vergehen lässt. Fragen wir doch mal bei Oma nach.

KAPITEL

6/

TIPP Wer ca. drei Mal pro Woche Hülsenfrüchte zu sich nimmt, gewöhnt seine Darmflora am besten an die herausfordernden Inhaltsstoffe und sorgt auch so für eine bessere Verdaulichkeit der kleinen, eiweißreichen Power-Pakete.

TOP 3

HÜLSENFRÜCHTE BEKÖMMLICHER MACHEN

1. WASSER, zum Einweichen und Abspülen.

Trockene Hülsenfrüchte sollten so lange wie möglich in klarem, kaltem Wasser eingeweicht werden. 12 Std. sollten nicht unterschritten werden, bei Bohnen sind sogar 36 Std. zu empfehlen. Das Wasser zwischendurch auswechseln und die Hülsenfrüchte nach dem Einweichen bzw. Dosen-Hülsenfrüchte gründlich abspülen. Das Einweichwasser nicht zum Kochen verwenden!

2. NATRON, beim Garen.

Geben Sie 1 g Natron auf 1 l Wasser und garen Sie die Hülsenfrüchte darin, bis sie bissfest sind. Das Natron dringt in die Zellwände ein und macht die Hülsenfrüchte dadurch zugleich weicher.

3. GEWÜRZE, beim bzw. nach dem Garen.

Gewürze, die die Verträglichkeit von Hülsenfrüchten fördern, sind Kümmel, Fenchel, Anis, Kreuzkümmel, Majoran und Bohnenkraut (zur Zugabe von Gewürzen, s. S. 22).

Rettich bekömmlicher machen mit Salz

Rettich wird geliebt für seine unvergleichliche Schärfe. Diese genau ist es aber auch, die ihn nicht so einfach zu verdauen macht. *Um die Schärfe ein wenig zu mildern,* schneiden Sie den Rettich in Scheiben und salzen Sie diese leicht. *Ca. 5 Min. ziehen lassen,* dann das Wasser, das sich auf den Scheiben bildet, mit einem Küchentuch abtupfen und den Rettich wie gewünscht weiterverarbeiten.

TIPP Auch das Salzen von Auberginenscheiben wird häufig empfohlen, allerdings geht es hierbei mehr um Geschmack als um Bekömmlichkeit: Auberginen können bitter schmecken, was durch das Salzen gemildert werden soll. Allerdings enthalten die meisten Auberginen, die man heute kaufen kann, durch gezielte Zucht ohnehin nur noch wenig Bitterstoffe.

Kohlgemüse bekömmlicher machen mit Gewürzen

Der Verzehr von Kohl verursacht bei vielen Menschen unangenehme Blähungen und Luft im Bauch. Wenn Sie das Gemüse aber beispielsweise *mit Koriander, Kreuzkümmel, Kardamom oder Ingwer würzen,* stehen die Chancen gut, dass Sie es besser vertragen (zur Zugabe von Gewürzen, s. S. 22). Übrigens soll auch das Einfrieren von Kohl dafür sorgen, dass er leichter verdaut werden kann.

TIPP Wenn es doch einmal so weit gekommen ist, bewegen Sie sich möglichst viel nach dem Essen: Das hilft, die Gase im Darm aufzulösen.

Rohe Zwiebeln bekömmlicher machen mit Salz oder Öl

Zwiebeln verleihen Speisen einen unvergleichlichen Geschmack, werden aber vor allem roh nicht von jedem gleich gut vertragen. Sie können sie natürlich andünsten, um dieses Problem zu lösen; etwas schneller geht es, wenn Sie *die gewürfelte Zwiebel leicht salzen und ca. 5 Min. ziehen lassen.* Trockentupfen und zum Salat geben. Das *Einlegen der Zwiebelwürfel in Speiseöl* hat den gleichen Effekt.

Lauch bekömmlicher machen mit Salz

Ein weiterer Kandidat aus dem Gemüseregal mit erschwerter Verdaulichkeit ist Lauch. Wer auf den tollen Geschmack und die vielfältigen Einsatzmöglichkeiten dennoch nicht verzichten will, sollte ihn *vor dem Verzehr oder der Weiterverarbeitung 2–3 Min. in kochendem Salzwasser blanchieren.*

Kaffee bekömmlicher machen mit kaltem Wasser

Cold Brew Coffee heißt ein neuer Stern am Gourmethimmel, und der ist nicht nur besonders angesagt, sondern erfreut auch noch empfindliche Mägen. Probieren Sie es einfach mal aus: Gießen Sie *500 ml kaltes Wasser auf 100 g Kaffeepulver,* rühren Sie die Mischung gut um und lassen Sie sie über Nacht stehen. *Nicht in den Kühlschrank stellen!* Am nächsten Tag erst durch ein feines Sieb, dann durch einen Kaffeefilter abseihen. *50 ml der aufgefangenen Flüssigkeit in eine Tasse geben,* mit ca. 150 ml heißem Wasser auffüllen und einen gewohnt heißen Kaffee genießen!

TIPP Im Kühlschrank hält sich das kalt gebrühte Konzentrat ca. 2 Wochen.

LAUCH UND KAFFEE
bekömmlicher machen

DURCHFALL UND MAGENBESCHWERDEN *lindern*

Die Natur macht die beste Medizin, das ist bis heute so! Bei gelegentlichen Beschwerden ist es häufig nicht nötig, zu Medikamenten zu greifen: Der Küchenschrank hält die passenden Gegenmittel bereit. Im Ernstfall ist aber medizinische Hilfe unabdingbar.

Durchfall lindern mit getrockneten Heidelbeeren

Egal, welche Ursache er hat: Durchfall ist immer eine Qual. Wenn ernsthafte Erkrankungen als Ursache ausgeschlossen werden können, versuchen Sie ihn zu lindern, indem Sie *getrocknete Heidelbeeren kauen:* Diese wirken stopfend und können zugleich Brechreiz lindern.

TIPP Getrocknete Heidelbeeren bekommen Sie z.B. in der Apotheke. Achten Sie darauf, dass Sie welche ohne Zuckerzusatz kaufen. Oder Sie sammeln im Sommer selbst Heidelbeeren und trocknen diese: Mit ausreichend Abstand zueinander einige Tage liegen lassen, immer wieder wenden.

Magenbeschwerden lindern mit Kamille

Kamillentee, als sogenannte Rollkur angewendet, birgt wahre Superkräfte für die Magenschleimhaut. Bereiten Sie ca. 10 Tage lang *morgens nach dem Aufwachen* 2 Tassen sehr starken, ungesüßten Kamillentee zu, am besten aus frischen Blüten, und trinken Sie diese im Bett. Bringen Sie sich dann jeweils für 5–10 Min. in folgende Positionen: *auf den Rücken, auf die linke Seite, auf den Bauch und abschließend auf die rechte Seite.* Eine weitere halbe Stunde liegen bleiben, gerne mit einer Wärmflasche auf dem Bauch oder einem warmen Wickel. Über den Tag verteilt *zusätzlich mind. 2 Tassen Kamillentee* einnehmen.

KAROTTENSUPPE
zubereiten gegen Durchfall

Karotten sind ein vergessenes Hausmittel bei Durchfall, das als Suppe sogar schon bei Kindern ab 6 Mon. bedenkenlos eingesetzt werden kann: Das Gemüse enthält Stoffe, die geeignet sind, Keime in der Darmflora zu binden und auszuleiten.

Zutaten
- **500 g Bio-Karotten**

1. Waschen Sie die Karotten und schneiden Sie sie *in grobe Stücke.* Dann pürieren.
2. In einen Topf 1 l Wasser geben und das Karottenpüree einrühren. Das Wasser aufkochen lassen.
3. Lassen Sie die Karottensuppe *ca. 2 Std. einkochen:* Es sollen nur ca. 200 ml Flüssigkeit übrig bleiben.
4. Passieren Sie die Suppe durch ein feines Sieb und *rühren Sie sie in 1 l Gemüsebrühe* ein.
5. Über den Tag verteilt verabreichen.

MAGENKUR-WASSER
zubereiten mit Kümmel

Dieses Wasser soll Magen und Darm pflegen und dauerhaft gesünder machen. Blähungen und Übersäuerung werden reduziert, außerdem wirkt das Wasser entzündungshemmend und harntreibend. Die Anwendung als Kur wird empfohlen, dafür täglich über 4 Wochen 1 l Magenkur-Wasser einnehmen; danach dauerhaft 1 Tasse morgens vor dem Frühstück.

Zutaten
- 1 Kartoffel
- 1 TL Kümmelsamen, ganz
- 2 TL Leinsamen, ganz

1. Schälen Sie die Kartoffel und schneiden Sie sie klein. Geben Sie Kümmel und Leinsamen in ein Tee-Ei.
2. Die Zutaten in einen Topf geben und mit 1 l Wasser aufkochen; *20 Min. ohne Deckel köcheln lassen.*
3. Die Zutaten herausnehmen.
4. Trinken Sie die erste Tasse *ca. 20 Min. vor dem Frühstück, auf nüchternen Magen,* und den Rest über den Tag verteilt.

TIPP Durch das Einfüllen der Samen in ein Tee-Ei ersparen Sie sich die aufwendige Reinigung des Topfes – gekochte Leinsamen kleben stark –, außerdem das Abseihen: Tee-Ei und Kartoffelstücke können einfach herausgefischt werden und das Wasser muss nicht mehr umgefüllt werden. Und die Kartoffelstücke können Sie auch noch verzehren!

Bauchweh lindern mit Schafgarbe

Schafgarbe, am besten welche aus der Apotheke, hilft bei allerlei Verdauungsbeschwerden, etwa bei Bauchschmerzen. Gießen Sie für einen Heiltee aus Schafgarbe *1 TL getrocknetes Kraut mit ca. 200 ml heißem Wasser* auf und lassen Sie es 10 Min. ziehen. Ungesüßt trinken.

Verstopfung lindern mit Lebensmitteln

Verstopfung hat, wenn sie nur gelegentlich auftritt, ihre Ursache meist in einem trägen Darm oder in einem zu festen Nahrungsbrei im Magen und Darm. *Um vorzubeugen,* sollten Sie ausreichend Ballaststoffe zu sich nehmen, etwa aus Vollkornprodukten, mind. 2 l Wasser pro Tag trinken und sich regelmäßig bewegen. Liegt eine akute Verstopfung vor, sollte ebenfalls Trinken die erste Maßnahme sein. Darüber hinaus gibt es einige *Lebensmittel, die Abhilfe schaffen können,* z.B. Äpfel (oder ungesüßten Apfelsaft), Haferflocken, Joghurt, Kirschen, Leinsamen, Pflaumen (oder ungesüßten Pflaumensaft), Trockenobst oder Sauerkraut. Die Menge, die Sie davon aufnehmen, können Sie nach Gefühl bestimmen, essen Sie aber stets *lieber etwas weniger als zu viel.*

BAUCHWEH UND VERSTOPFUNG
lindern

TIPP Sodbrennen kann ernsthafte Ursachen haben. Suchen Sie bei länger anhaltenden oder gehäuft auftretenden Beschwerden darum unbedingt einen Arzt auf! Bei nur gelegentlichem Sodbrennen können derweil diese Hausmittel helfen.

TOP 5

SODBRENNEN LINDERN

1. STÄRKE, z.B. aus Bananen, Kartoffeln, Weißbrot.

Stärkehaltige Nahrungsmittel können dazu beitragen, überschüssige Magensäure zu binden.

2. NÜSSE UND KERNE,
z.B. Haselnüsse, Cashews, Mandeln.

Wenn Sie die Nüsse gründlich kauen, bindet der Brei die Magensäure. Ca. fünf Stück reichen aus.

3. SENF, dank Senföl.

Direkt nach dem Essen 1 EL Senf einnehmen.

4. NATRON, in Wasser aufgelöst.

Lösen Sie 1 TL in ca. 250 ml Wasser auf und nehmen Sie dieses in kleinen Schlucken ein.

5. HAFERFLOCKEN, pur oder als Haferschleim.

Bringt auch Linderung bei anderen Magen-Darm-Beschwerden wie Verstopfung. Empfindliche Mägen vertragen noch warmen Haferschleim, also mit Wasser aufgekochte Flocken, am besten.

MAGENTEE
zubereiten mit Kümmel

Dieser Tee hilft gegen allerlei Verdauungsbeschwerden, z.B. Blähungen oder Sodbrennen.

Zutaten
- **Fenchelfrüchte, ganz**
- **Anissamen, ganz**
- **Kümmelsamen, ganz**

1. Mischen Sie die Zutaten in der angegebenen Reihenfolge *im Verhältnis 4:2:1 und zerstoßen Sie 1 TL davon* mit dem Mörser.
2. Geben Sie die zerstoßenen Gewürze in einem Tee-Ei in eine Tasse und *gießen Sie sie mit ca. 250 ml heißem Wasser auf.*
3. Den Tee *8 Min. ziehen lassen,* abgekühlt in kleinen Schlucken einnehmen.

TIPP Trinken Sie 3–4 Tassen über den Tag verteilt, um Ihre Beschwerden zu lindern.

KARTOFFELSAFT
zubereiten gegen Sodbrennen

Zutaten

- **4 Kartoffeln**

1. Die Kartoffeln schälen, etwaige „Augen" und grüne Stellen gründlich entfernen. Abspülen, klein schneiden und *möglichst fein reiben,* mit einem Kartoffelstampfer weiter zerkleinern.
2. Geben Sie die feuchte Masse in ein sauberes, dünnes Baumwolltuch und kneten Sie sie gründlich durch. Den entstehenden Saft auffangen. *Dieses händische Auspressen der Kartoffeln nimmt einige Zeit in Anspruch.*
3. *Trinken Sie den Saft frisch.* Er kann nicht aufbewahrt werden!

SAUBER MACHEN
&
SAUBER HALTEN

Nach dem Essen kommt - richtig, der Abwasch! Selbstgekochtes Essen ist so gut wie immer die beste Wahl, es vermeidet Müll, enthält mehr Vitamine und Nährstoffe als Fertigprodukte, und günstiger ist es auch noch. Doch leider sieht die Küche nach einer Kochaktion nicht selten aus wie ein Schlachtfeld... Zum Glück gibt es aber natürlich gerade auch dafür eine Menge Hausmittel, Tricks und Kniffe, mit denen wir uns diese Arbeit erleichtern können und so am Abend schneller endlich die Füße hochlegen können.

KAPITEL

7/

Glücklicherweise sind Ameisen und Fruchtfliegen recht harmlos, auch wenn sie sich in der Küche aufhalten. Trotzdem möchte man diese Tiere und vor allem die kleinen braunen Fliegen einfach nicht in der Nähe seiner Lebensmittel haben. Die wichtigsten Grundregeln: Lebensmittel, insbesondere Obst und Gemüse, nicht offen stehen lassen. Trockene Lebensmittel nicht in ihren Plastikverpackungen lagern, sondern in gut verschließbare Behältnisse, z.B. Schraubgläser, umfüllen und dunkel und trocken aufbewahren.

Ameisen im Haus beseitigen mit Natron

Oh Schreck, eine Ameisenstraße mitten durch die Küche! Wenn Sie die Stelle, an der die Ameisen ins Haus kommen, lokalisieren konnten, platzieren Sie dort *als Soforthilfe ein Häufchen Natron, das Sie zuvor mit etwas Puderzucker versetzt haben:* Die Ameisen fressen den Zucker, nehmen dabei das für sie giftige Natron auf und sterben. Die nachfolgenden Tiere meiden diesen Weg dann. *Suchen Sie dann unbedingt den Ameisenbau* und siedeln Sie ihn sanft um.

Fruchtfliegen dezimieren mit Essig

Ganze Schwärme der kleinen braunen Fliegen bilden sich vor allem im Sommer und Herbst. Sie kommen meist *als blinde Passagiere mit eingekauftem oder selbst geerntetem Obst und Gemüse* in die Küche. Waschen Sie darum Obst und Gemüse immer sofort gründlich ab, bevor Sie es einlagern, und lassen Sie nichts offen herumliegen. Im Ernstfall *vermischen Sie in einem kleinen Schälchen Essig (oder Wein) mit Wasser im Verhältnis 1:2 und geben Sie einen Tropfen Spülmittel hinein.* Die Fruchtfliegen trinken die Mischung, fallen dabei hinein und ertrinken.

TIPP Das Wichtigste ist, das Schälchen jeden Tag auszuspülen und neu zu befüllen: Die Fruchtfliegen legen an Futterstellen gerne Eier ab, sodass sie sich trotzdem weiter vermehren können.

AMEISEN UND FRUCHTFLIEGEN *dezimieren*

Zwiebel- und Knoblauchgeruch von den Händen entfernen mit Zitronensaft

Nach der Verarbeitung von Zwiebeln und Knoblauch hilft Waschen alleine nicht, um den Geruch loszuwerden, der zwar im Essen angenehm ist, an den Händen aber eher störend. Reiben Sie Ihre Hände in diesem Fall *mit etwas Zitronensaft ein und lassen sie ihn kurz einwirken.* Dann mit klarem, lauwarmem Wasser abspülen.

TIPP Bei offenen Stellen kann die Behandlung mit Zitronensaft unangenehm sein. Verwenden Sie alternativ frisches Kaffeepulver: Die Hände damit sanft abreiben – das Kaffeepulver peelt zugleich – und gründlich abwaschen. Nun noch etwas Olivenöl auftragen, das pflegt die Haut.

Thermoskanne erfrischen mit Salz

Thermoskannen, die nicht so häufig benutzt werden, riechen nach einiger Zeit muffig-unangenehm. Um den Geruch zu neutralisieren, geben Sie etwas grobes Salz in die Kanne und lassen Sie sie *einige Stunden stehen.* Danach ausspülen. *Am besten lagern Sie die Kanne direkt mit etwas Salz darin ein,* sodass sie immer frisch riecht, wenn Sie sie benötigen.

Etiketten entfernen mit Natron und Öl

Schraubgläser und -flaschen, z. B. von Obstkonserven oder passierten Tomaten, eignen sich hervorragend als Behältnisse für Selbstgemachtes. Damit in den Küchenschränken ein einheitliches, ordentliches Bild entsteht, achten Sie darauf, möglichst gleiche Gläser zu sammeln, und entfernen Sie die Etiketten: Wenn Sie die Gläser *einige Zeit in Wasser einlegen*, lösen sich diese häufig von selbst. Bei hartnäckigeren Fällen oder Überresten können Sie *zu einer Mischung aus Natron und Speiseöl greifen, die Sie im Verhältnis von ca. 2:1 ansetzen.* 5% Spülmittel hinzufügen und die Etiketten damit *einpinseln. Nach kurzer Einwirkzeit* lassen sie sich mit einem Tuch und etwas warmem Wasser ganz einfach ablösen.

ARBEITSPLATTE UND KÜCHENSCHRÄNKE
reinigen

Arbeitsplatte reinigen mit Spiritus

Die meisten Arbeitsplatten lassen sich mit Wasser und ein wenig Spülmittel problemlos reinigen. Sollten sich *hartnäckigere Flecken auf Kunststoffoberflächen* gebildet haben, können Sie noch ein wenig *Spiritus als Verstärkung* dazunehmen. Achtung bei Natursteinplatten: Hier in keinem Fall säurehaltige Reinigungs- oder Hausmittel wie Essig und Zitronensäure einsetzen, sie hinterlassen bleibende Spuren!

Küchenschränke reinigen mit Öl

Was sich im Laufe der Zeit auf den Oberflächen der Hängeschränke in der Küche ansammelt, erstaunt häufig. So viel Staub und Fett, das beim Kochen in die Luft gelangt ist! Ein- bis zweimal pro Jahr ist denn auch der Großputz fällig. Um die schwer zu reinigende Kombination auf den Schränken ohne chemische Keule zu entfernen, gibt es ein einfaches Helferlein aus dem Küchenschrank selbst. *Geben Sie etwas Speiseöl auf einen Schwamm* und reiben Sie damit über die Oberfläche. Das Öl löst das Fett und den Staub, der Schwamm nimmt beides auf. Die Endreinigung erfolgt mit reichlich warmem Wasser, in das etwas Spülmittel gegeben wurde.

ALLZWECKREINIGER
herstellen mit Zitrusfrüchten

Zutaten

- **5-6 Zitronen oder Limetten oder 4-5 Orangen bzw. Schalen von dieser Menge Früchte**
- **500 ml Apfelessig**

1. Pressen Sie die Zitrusfrüchte aus – den Saft können Sie frisch trinken oder z.B. als Eiswürfel einfrieren – oder *verwenden Sie übrige Schalen.*

2. Die Schalen *vom letzten Fruchtfleisch befreien* und in Stücke schneiden.

3. In eine Glasflasche mit Schraubverschluss geben und *vollständig mit dem Essig bedecken.*

4. Verschließen Sie die Flasche und lassen Sie die Mischung *ca. 3 Wochen* stehen.

5. Durch ein Sieb abseihen und die Flüssigkeit als Reiniger verwenden, bei Bedarf verdünnen.

TIPP Achtung: Wenn Sie unsicher sind, ob das Material, das Sie reinigen möchten, Zitronensäure verträgt, testen Sie es zuerst an einer unsichtbaren Stelle.

Armaturen entkalken mit Zitronensaft und Natron

Stark verkalkte Armaturen (nicht nur in der Küche) lässt eine Paste aus Zitronensaft, Natron und Wasser in altem Glanz erstrahlen. *Vermischen Sie ca. 1 EL Natron mit Zitronensaft und ein wenig Wasser*, bis eine zähflüssige Konsistenz erreicht ist. Die Paste auftragen und ca. 30 Min. einwirken lassen, mit klarem Wasser *nachspülen und trockenreiben.*

Geschirr spülen mit Kochwasser

Wenn Sie das nächste Mal *Nudeln oder Kartoffeln kochen*, schütten Sie das Kochwasser nicht weg: Auch gesalzenes Kochwasser kann noch einmal benutzt werden, und zwar zum Spülen! Die Stärke darin löst das Fett, und *selbst eingebrannte Töpfe bekommt man damit sauber.* Je weniger Wasser Sie verwenden zum Kochen der Nudeln oder Kartoffeln, desto höher wird die Stärkekonzentration darin. Bewahren Sie das Wasser aber nicht zu lange auf, denn nach ein paar Wochen fängt es an zu schimmeln.

TIPP Das Kochwasser vor dem Einsatz als Spülmittel kaltstellen, dadurch wird es gelartig und haftet besser auf dem Geschirr.

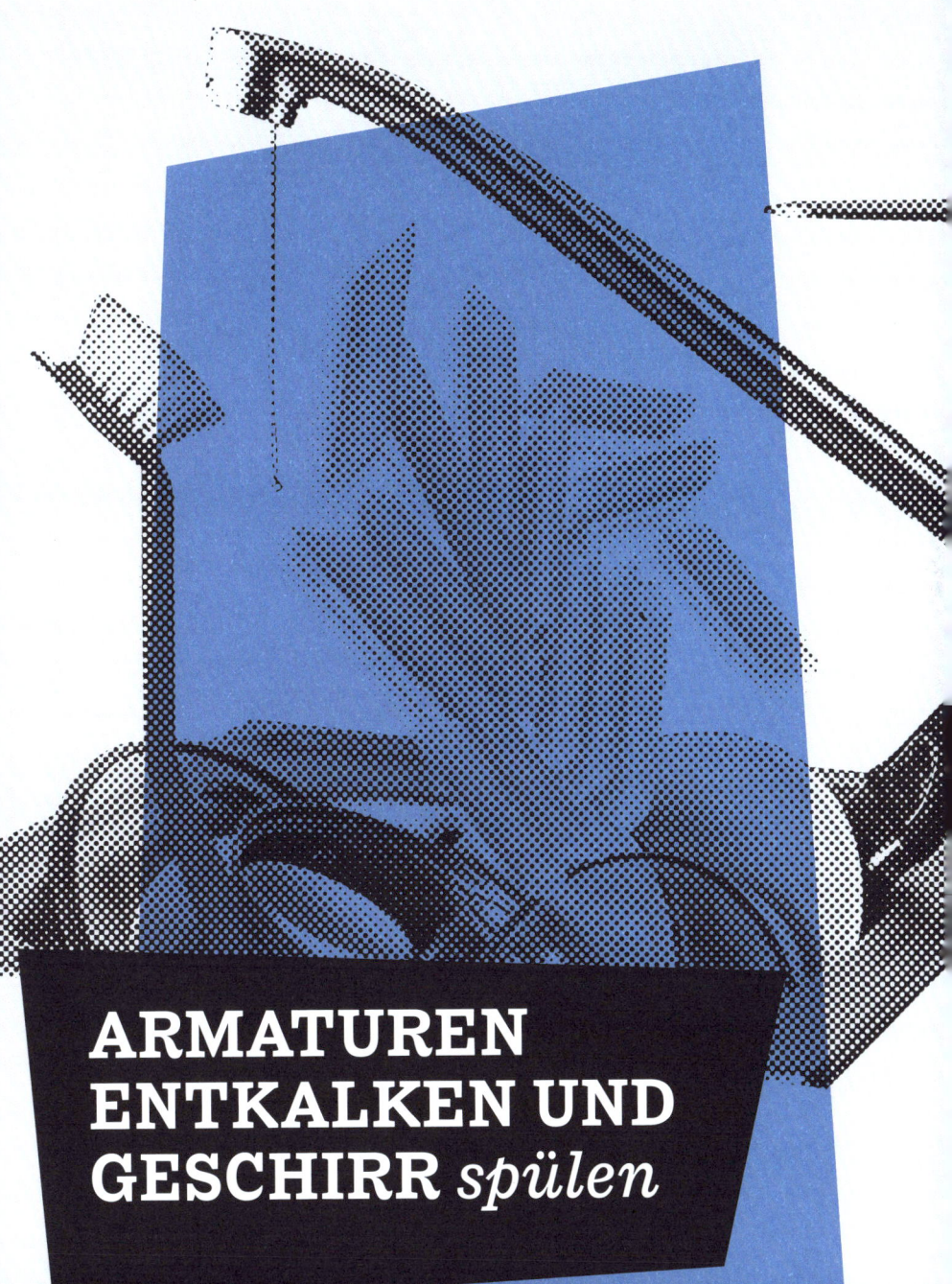

ARMATUREN ENTKALKEN UND GESCHIRR *spülen*

Utensilien von Rost befreien mit Kartoffel und Natron

Um Rost an Besteckteilen, Töpfen und Pfannen zu entfernen, *halbieren Sie zunächst eine Kartoffel.* Die Schnittfläche mit etwas Natron bestreuen und die rostigen Stellen damit abreiben.

Rückstände an Tassen und Gläsern entfernen mit Salz

Tee und Kaffee hinterlässt häufig unschöne Ränder an den Tassen, und bei Gläsern hat man unter Umständen mit Rückständen von Lippenstift zu kämpfen. Um solche Spuren zu entfernen, *reiben Sie die Tassen- oder Glasränder mit etwas Salz ein – dabei vorsichtig sein,* um keine Kratzer zu verursachen! Danach mit klarem Wasser abspülen.

TIPP Alternativ einfach 1 TL Natron oder Soda in die verschmutzte Tasse schütten und warmes Wasser draufgießen. Einwirken lassen, dann ausschütten und mit Lappen oder Schwamm auswischen.

Spülbecken reinigen mit Essig und Natron

In Spülbecken aus Keramik setzt sich manchmal eine Art Schmutzfilm ab, der sich als recht hartnäckig erweist, wenn man ihn wegschrubben möchte. Mit einer Kombination aus bewährten Hausmitteln macht man ihm aber schnell den Garaus und das Spülbecken ist wieder hygienisch rein: *Benetzen Sie das Spülbecken mit Essig* (oder im Verhältnis 1:4 mit Wasser verdünnter Essigessenz) und streuen Sie Natron darüber. Das Natron reagiert sprudelnd mit der Essigsäure und löst so den Schmutz. *Das Natron ca. 10 Min. einwirken lassen,* dann mit Schwamm oder Lappen nachwischen und alles mit klarem, heißem Wasser abspülen.

TIPP Diese Methode funktioniert auch bei WC-Spülbecken.

Spülbecken polieren mit Öl

Ein Spülbecken aus Stahl glänzt wieder wie neu, wenn Sie es *mit einem Tuch und etwas Speiseöl polieren.* Auch Kalkflecken bekommen Sie damit weg. Schöner Nebeneffekt: Das Öl bildet eine wasserabweisende Schutzschicht und sorgt so dafür, dass sich nicht so schnell neue Kalkflecken bilden können. Auch für die Armatur eignet sich diese „Kurzzeit-Imprägnierung"!

ABFLUSS UND SPÜLMASCHINE
reinigen

Abfluss reinigen mit Soda und Essigessenz

Wenn das Wasser im Spülbecken nicht mehr gut abläuft, entfernen Sie zunächst manuell alle groben Verschmutzungen, soweit Sie in den Abfluss hineingreifen können. *Geben Sie dann 1 EL Soda hinein und schütten Sie 1 EL im Verhältnis 1:4 mit Wasser verdünnte Essigessenz hinterher.* Das Soda reagiert sprudelnd mit der Essigsäure. Kurz warten und evtl. noch mehr Essigessenz hineingeben, bis nichts mehr schäumt. Dann mit mind. *1 l kochend heißem Wasser* nachspülen.

TIPP Wenn Sie den Abfluss länger nicht gereinigt haben, kann es nötig sein, mehr Soda und Essigessenz zu verwenden und mit dem Nachspülen etwas länger zu warten. Führen Sie die Prozedur am besten regelmäßig einmal im Monat durch, also schon bevor das Wasser nicht mehr gut abläuft, dann setzen sich die Verschmutzungen gar nicht erst so hartnäckig fest.

Spülmaschine reinigen mit Essigessenz, Natron und Zitronensäure

Um die Spülmaschine hygienisch rein zu halten, sollte sie ca. alle 3 Monate gründlich gereinigt werden. *Dafür das Sieb und die Körbe herausnehmen und mit im Verhältnis 1:4 mit Wasser verdünnter Essigessenz säubern.* Wer ein ausreichend großes Spülbecken hat, kann die Teile auch in der Mischung einweichen. Wischen Sie zudem mit einem sauberen Lappen den gesamten Innenraum der Maschine mit der Mischung aus, bevor Sie das Sieb und die Körbe wieder einsetzen. Im zweiten Schritt *ca. 5 EL Natron auf dem Boden der Spülmaschine verteilen und 2–3 EL Zitronensäurepulver ins Spülmittelfach geben.* Die Maschine dann einmal leer bei max. 50 °C durchlaufen lassen.

Kühlschrank reinigen mit Zitronensaft

Um den Kühlschrank nicht nur zu reinigen, sondern zugleich auch noch zu desinfizieren und wieder frisch riechen zu lassen, *geben Sie Zitronensaft oder flüssige Zitronensäure auf einen Schwamm oder Lappen* und wischen Sie alle Ebenen sowie die Rückwand, die Schubladen und auch alle Fächer in der Tür gründlich damit aus. Mit klarem Wasser nachwischen.

TIPP Wenn Sie Gerüche im Kühlschrank, z.B. von stark riechenden Lebensmitteln wie Käse, neutralisieren möchten, stellen Sie ein Schälchen mit Natron oder frisches Kaffeepulver darin auf. Austauschen, wenn die Gerüche wieder durchkommen.

Wasserkocher entkalken mit Zitronenschalen

Der Wasserkocher ist eines der Geräte in der Küche, die am schnellsten Kalk ansetzen. Gleichzeitig ist es aber auch sehr einfach, ihn von diesem zu befreien: Geben Sie *zwei oder drei übrige, vollständig vom Fruchtfleisch befreite Schalen von Zitrusfrüchten* in den Kocher, füllen Sie ihn mit Wasser auf und lassen Sie das Wasser aufkochen. Bei Bedarf wiederholen.

KÜHLSCHRANK REINIGEN UND WASSER-KOCHER *entkalken*

1. NATRON, für alle Kaffeemaschinen.

50 g Natron in 500 ml Wasser auflösen und in die Maschine geben, dann 15 Min. warten. Durchlaufen lassen und zwei Durchgänge mit klarem Wasser anschließen.

2. ACETYLSALICYLSÄURE, für alle Kaffeemaschinen.

Kein Natron zur Hand? Dann reicht auch eine Kopfschmerztablette mit diesem Inhaltsstoff. Einfach in einer Tankfüllung der Kaffeemaschine auflösen und die Maschine starten. Danach noch zwei Mal mit klarem Wasser durchlaufen lassen.

3. ZITRONENSÄURE,
für alle Kaffeemaschinen ohne Aluminiumteile.

500 ml Wasser in die Maschine geben, 1 EL Zitronensäurepulver hinzufügen (diese Reihenfolge unbedingt einhalten!) und die Maschine durchlaufen lassen. Den Vorgang nach 15-30 Min. wiederholen, dann zwei Mal mit klarem Wasser durchlaufen lassen.

4. ESSIGESSENZ, für Filterkaffeemaschinen.

Die Kanne mit Essigessenz, im Verhältnis 1:4 mit Wasser verdünnt, füllen und die Hälfte davon in die Maschine einfüllen. Den Rest in einem anderen Gefäß beiseitestellen und die Kanne unter die Maschine stellen. Die Maschine starten; wenn das Wasser durchgelaufen ist, abschalten und 15-30 Min. warten. Den Rest des Essigwassers in die Maschine geben und erneut durchlaufen lassen. Die Kanne gründlich ausspülen. Drei Durchgänge mit klarem Wasser anschließen.

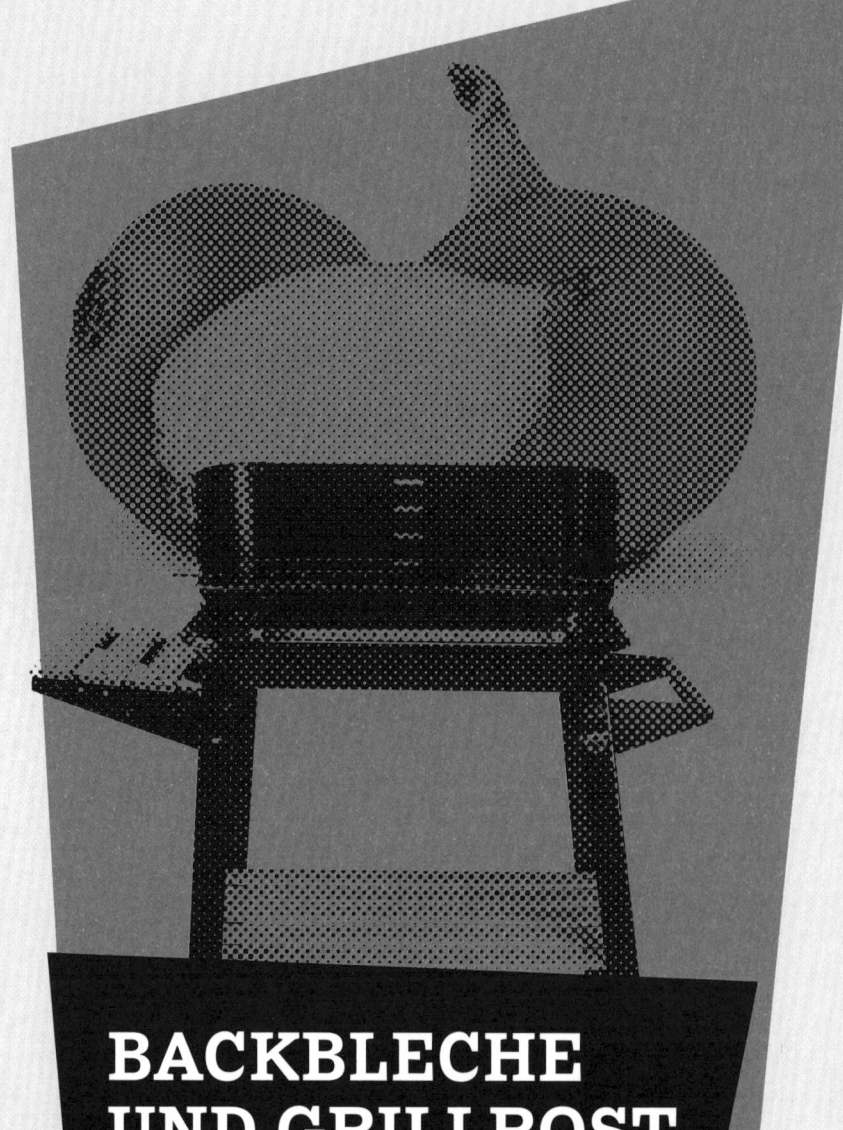

BACKBLECHE UND GRILLROST
reinigen

Backbleche und Grillroste sehen schnell ungepflegt und verschmutzt aus, und sie sind sehr schwer zu reinigen: Sie sind zu groß für das Spülbecken und die Spülmaschine, der Rost ist ohnehin kaum oder nur sehr aufwendig zu säubern aufgrund der vielen Einzelstäbe, und die Löcher in den Rändern der anderen Bleche machen es einem auch nicht gerade einfacher...

Backbleche reinigen mit Geschirrspülpulver

Was es aber einfacher macht, ist Geschirrspülpulver – und ein Bad in der Badewanne: Legen Sie ein großes altes Handtuch in die Wanne und die Bleche bzw. den Rost darauf. Geben Sie auf jedes Blech etwas Geschirrspülpulver und lassen Sie *so viel heißes Wasser einlaufen, bis die Bleche bedeckt sind.* Mindestens 6 Std. einweichen lassen, dann mit einem Schwamm abreiben und mit klarem Wasser abspülen.

Grillrost reinigen mit Zwiebel

Einen schmutzigen Grillrost bekommen Sie mit einer halben Zwiebel wieder salonfähig. *Einfach die einzelnen Stäbe mit der Zwiebel abreiben:* Der Zwiebelsaft löst die Ablagerungen und desinfiziert zugleich. Und keine Sorge: Sie schmecken beim nächsten Grillen nichts von der Behandlung!

Fettige Pfannen reinigen mit Salz

Um eine unbeschichtete schmiedeeiserne Pfanne gründlich vom Fett zu befreien, „braten" Sie einfach etwas Salz darin an: *Salz in die Pfanne streuen und schwach bis mittelstark erhitzen.* Dann abkühlen lassen und die Pfanne mit einem Küchentuch ausreiben: Das Fett hat sich mit dem Salz verbunden und die Pfanne ist wieder sauber.

TIPP Um Verkrustungen aus Pfannen oder Töpfen zu lösen, bedecken Sie den Boden mit Wasser und geben Sie Natron dazu. Kurz aufkochen, dann den Herd ausschalten und mind. 30 Min. einwirken lassen. Danach mit einem Schwamm ausreiben und mit klarem Wasser ausspülen.

Pürierstab reinigen mit Spülmittel

Etwas *Spülmittel und heißes Wasser in den Rührbecher geben* nach dem Pürieren und mit dem Pürierstab darin „mixen". Die Lösung gelangt in alle Ritzen des Stabes und entfernt durch die Verwirbelungen die Essensreste. *Danach ist der Pürierstab wieder hygienisch rein.* Abtrocknen und kopfüber vollständig trocknen lassen.

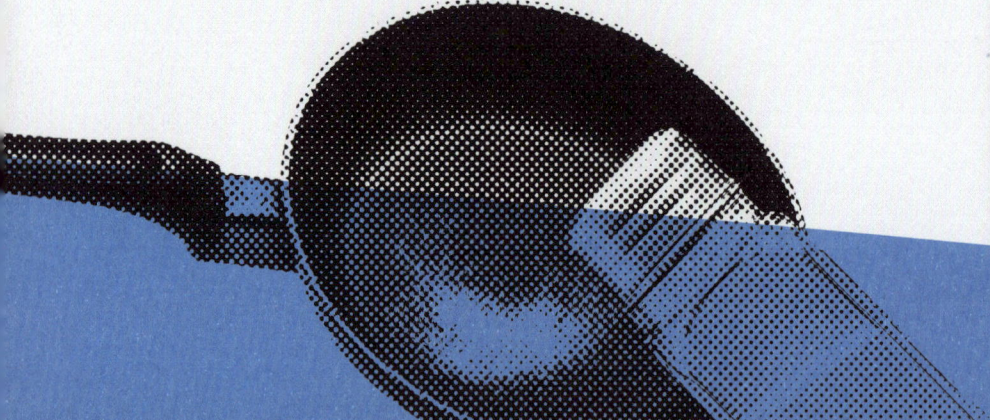

WAFFELEISEN *reinigen* mit Speisestärke

Zutaten
- **ca. 8 EL Speisestärke, z.B. Kartoffelmehl**

1. Verrühren Sie die Speisestärke nach und nach mit ca. 100 ml kaltem Wasser, bis eine *dünnflüssige, homogene Konsistenz* erreicht ist. Das gelingt am besten mit dem Schneebesen.
2. Geben Sie den Stärketeig in das Waffeleisen und warten Sie, bis die Waffel *komplett durchgebacken* ist.
3. Die Reinigungswaffel z.B. mit einer Gabel aus dem Waffeleisen heben: Der Schmutz bleibt daran haften und das Waffeleisen sieht wieder aus wie neu!

ANWENDUNGEN

150

HAUSMITTEL

Buchempfehlungen für Sie

Noch mehr Kreativ-Bücher zum gleichen Thema gesucht?

ISBN 978-3-7724-4528-6

ISBN 978-3-7724-4523-1

ISBN 978-3-7724-7806-2

ISBN 978-3-7724-7191-9

ISBN 978-3-7724-4500-2

ISBN 978-3-7724-7158-2

ISBN 978-3-7724-8159-8

ISBN 978-3-7724-4373-2

ISBN 978-3-7724-7172-8

Viele weitere Kreativ-Bücher finden Sie auf www.TOPP-kreativ.de

ISBN 978-3-7724-4976-5

ISBN 978-3-7724-7181-0

ISBN 978-3-7724-4522-4

ISBN 978-3-7724-7196-4

ISBN 978-3-7724-4547-7

ISBN 978-3-7724-7009-7

ISBN 978-3-7724-7155-1

ISBN 978-3-7724-4495-1

ISBN 978-3-7724-7168-1

#TOPPPROJEKT

Die eigene Kreativität zeigen: TOPPprojekt mit anderen Kreativen teilen und Teil der Gemeinschaft werden.

DIY-begeistert und auf Instagram? Dann unbedingt mitmachen! Hier gibt's Tipps und Feedback zu den eigenen Projekten. Außerdem verlosen wir jeden Monat ein Überraschungspaket. Um am Gewinnspiel teilzunehmen, einfach ein Bild vom Kreativ-Projekt aus unseren Büchern mit #TOPPprojekt posten und unserem Account @frechverlag folgen. Mehr Infos auf TOPP-kreativ.de/TOPPprojekt

Mach mit beim

#TOPPPROJEKT

#TOPPprojekt @frechverlag

Website
Auf TOPP-kreativ.de können Sie ein riesiges Angebot von über 1.000 Kreativbüchern, Sets & mehr entdecken.

Newsletter
Gleich anmelden unter: TOPP-kreativ.de/newsletter und immer als Erstes von unseren Neuheiten und Sonderaktionen erfahren.

Instagram
@frechverlag

DigiBib
Hier finden Sie zusätzlich zu vielen unserer Bücher digitale Extras, wie Video-Tutorials, Plotter-Dateien, Vorlagen, Übungsblätter & vieles mehr. Einfach im Impressum Ihres TOPP-Buchs den Freischalte-Code nachschlagen und exklusive Inhalte freischalten. TOPP-kreativ.de/digibib

Pinterest
pinterest.com/frechverlag

Facebook
facebook.com/frechverlag

Youtube
youtube.com/frechverlag

Wer wir sind, wie wir arbeiten, was wir lieben ...

Auf Instagram, Facebook und Pinterest finden Sie mehr über uns und unsere Arbeit und werden immer schnell und einfach mit den neuesten Infos versorgt.

Alle News, alle Infos und alle Links finden Sie auf www.TOPP-kreativ.de

IMPRESSUM

FOTOS: Freepik

LEKTORAT UND PRODUKTMANAGEMENT: Stephanie Iber

LAYOUTKONZEPTION: Thomas Detlaf, Nitribitt - Kommunikation & Design, Stuttgart, www.nitribitt.com

SATZ: FSM Premedia GmbH & Co. KG, Münster

HERSTELLUNG: Sophia Höpfner

DRUCK UND BINDUNG: PNB Print Ltd, Lettland

1. Auflage 2021

© 2021 frechverlag GmbH, Turbinenstraße 7, 70499 Stuttgart

ISBN 978-3-7724-4530-9 Best.-Nr. 4530